I0756387

L'ART DU CHANT,

DEDIÉ A MADAME DE POMPADOUR

Par M. BERARD.

A PARIS,

Chez
- DESSAINT & SAILLANT, rue S. Jean-de-Beauvais.
- PRAULT, Fils, Quai de Conti.
- LAMBERT, à côté de la Comédie Françoise.
- Et aux Adresses Ordinaires pour la Musique.

M. DCC. LV.

Avec Approbation & Privilége du Roi.

Jean Antoine Bernard
L'Art du Chant

First published in Paris
Dessaint & Saillant, Prault, Lambert, 1755.

Republished Travis & Emery 2013.

Published by
Travis & Emery Music Bookshop
17 Cecil Court, London, WC2N 4EZ, United Kingdom.
Tel. 020 7240 2129
From outside UK: (+44) 20 7240 2129
neworders@travis-and-emery.com

Hardback: 978-1-84955-057-4,
Paperback:: 978-1-84955-058-1

L'ART

DU

CHANT,

DEDIÉ

A MADAME

DE POMPADOUR

Par M. BERARD.

A PARIS,

Chez
DESSAINT & SAILLANT, rue S. Jean-de-Beauvais.
PRAULT, Fils, Quai de Conti.
LAMBERT, à côté de la Comédie Françoiſe.
Et aux Adreſſes Ordinaires pour la Muſique.

M. DCC. LV.

Avec Approbation & Privilége du Roi.

A MADAME DE POMPADOUR.

MADAME,

Le premier Ouvrage qui ait été fait ſur l'Art du Chant, vous appartient à tant de titres, que je crains bien de n'avoir aucun mérite à vous l'offrir : la protection déclarée que vous accordez à tous les Arts, ſuffiroit pour engager tous ceux qui s'y appliquent, à vous conſacrer le fruit de leurs travaux ; mais vous avez un droit plus légitime encore ſur l'Ouvrage que j'ai l'honneur de vous préſenter : il a pour but principal, de perfectionner le Chant François ; à qui pourrois-je mieux adreſſer ces réflexions qu'à vous, MADAME, qui excellez dans ce Genre ; permettez-moi de déclarer ici, que j'ai eu le bonheur de vous entendre, mon éloge ne peut rien ajouter à votre gloire ; mais le Public adoptera avec confiance mes idées, ſur les graces du Chant, lorſqu'il ſçaura que je les ai formées ſur leur plus parfait modéle.

Je ſuis avec un profond reſpect,

MADAME,

Votre très-humble & très-obéiſſant Serviteur,
BERARD.

APPROBATION.

J'Ai lû par ordre de Monseigneur le Chancelier un Manuscrit intitulé l'*Art du Chant*, & je n'y ai rien trouvé qui doive en empêcher l'impression, à Versailles le 22 Janvier 1755.

DEMONCRIF.

EXTRAIT DU PRIVILEGE DU ROI.

LOUIS, par la grace de Dieu, Roi de France & de Navarre : A nos amez & feaux Conseillers les Gens tenans nos Cours de Parlement, Maîtres des Requêtes ordinaires de notre Hôtel, &c. SALUT, Notre bien amé JEAN-ANTOINE BERARD, Nous a fait exposer qu'il desireroit faire imprimer & donner au Public un Livre qui a pour titre, *L'Art du Chant*. S'il nous plaisoit lui accorder nos Lettres de Privilege pour ce nécessaires. A CES CAUSES, voulant favorablement traiter ledit Exposant, Nous lui avons permis & permettons par ces Présentes, de faire réimprimer ledit Livre pendant le tems de dix années consécutives, à compter du jour de la datte desdites Présentes; Faisons défenses à tous Libraires & Imprimeurs d'en introduire d'impression étrangere, &c. Que l'impression dudit Livre sera faite dans notre Royaume, &c. Que l'Impétrant se conformera en tout aux Reglemens de la Librairie, &c. Qu'avant de les exposer en vente, le Manuſcrit qui aura ſervi de copie à l'impreſſion dudit Livre, ſera remis dans le même état où l'Approbation y aura été donnée ès mains de notre très-cher & feal Chevalier le ſieur de la Moignon, Chancelier de France, & un dans celle de notre très-cher & féal Chevalier Garde des Sceaux de France le Sieur de Machault, Commandeur de nos Ordres, &c. & qu'il en ſera remis deux exemplaires dans notre Bibliotheque publique, &c. Du contenu deſquelles vous mandons & enjoignons de faire jouir ledit Expoſant, &c. Commandons au premier notre Huiſſier ou Sergent ſur ce requis de faire pour l'exécution d'icelles tous Actes, &c. Donné à Verſailles le 17 Février 1755. & de notre regne le 40. Par le Roi en ſon Conſeil,

SAINSON.

Regiſtré ſur le Regiſtre 28 de la Communauté des Libraires & Imprimeurs de Paris, N. 95. fol. 76. conformément aux anciens Reglémens confirmés par celui du 28 Février 1723. A Paris, le 20 Février 1755. DIDOT *Syndic.*

PRÉFACE.

IL paroîtra ſans doute étonnant qu'à Athènes & à Rome, où le talent du Chant étoit excité par les plus puiſſans motifs, & où il s'étoit élevé à une ſinguliere perfection, on ne ſe ſoit point aviſé de traiter de cet Art: (1) *on regardera peut-être comme peu vraiſemblable, que dans l'Europe Moderne, où le Chant tient aux plaiſirs de la ſocieté, dont il eſt un des principaux liens; où après avoir fait de grands progrès, il ſe voit conſtamment encouragé par les applaudiſſemens du Public, & favoriſé de la protection des Rois, on n'ait point écrit ſur cette*

(1) Les Auteurs Grecs & Latins ne font mention d'aucun Ouvrage en ce genre.

matiere ; surtout dans un siécle où il paroît chaque jour des Traités sur la théorie de la Musique, sur la science de l'Harmonie & sur le méchanisme des Instrumens. Ne semble-t'il pas qu'il fût de la destinée d'un des Arts les plus séduisans, de ne se conserver que par une tradition orale, sorte de tradition très-imparfaite, puisqu'elle transmet rarement à la posterité la méthode des grands Maîtres, & les observations des Amateurs éclairés : les réflexions des uns & des autres n'auroient pas peu contribué à lui faire franchir l'espace par où il est séparé du dernier période de sa perfection, espace peut-être aussi considerable que celui qu'il a parcouru jusqu'à present.

Le desir de hâter les progrès du

Chant, m'engagea à former ſur cet Art le projet d'un Ouvrage, dont je ſentis dès le commencement toutes les difficultés : je compris qu'un pareil Traité étoit moins à faire qu'à créer : je ſçavois que le pays des Découvertes eſt immenſe à la vérité, mais que chaque pas qu'on y fait, eſt pénible & perilleux ; que l'on eſt heureux de marcher dans des ſentiers où l'on peut profiter des erreurs de ceux qui nous y ont précedés : je ſçavois qu'il eſt aiſé à des Ecrivains poſterieurs de ſurpaſſer leurs modeles : outre qu'ils ont les idées de ces derniers, ils ont de plus leurs propres réflexions ; pluſieurs eſprits doivent naturellement plus penſer qu'un ſeul. Je prévis combien il en devoit couter de ſaiſir le vrai parmi une foule de principes, qui ayant leurs racines dans la Nature, devroient toujours être les mêmes, & qui cependant ne ſont que trop ſouvent contradictoires entre les mains des différens Maîtres. Je ne me déguiſai point le danger qu'il y a, que les premiers livres que l'on fait ſur un Art, ne ſoient marqués au coin de la rudeſſe & de l'imperfection: le ſoin de créer nuit à celui de polir: d'ailleurs il eſt bien difficile qu'on embraſſe toute l'étendue de ſa matiere, qu'on n'omette point de détail & d'obſervations néceſſaires; les excellentes productions en ce genre, ſont le fruit des ſiécles. A la vûe des obſtacles multipliés, je redoublai mes efforts. Je vais rendre compte de mon travail en Artiſte, c'eſt-à-dire, en homme bien plus occupé des choſes, que de la maniere de les dire. Je me ſuis d'abord attaché à embraſſer d'une ſeule idée ſyſtématique, toutes les branches de mon ſujet, perſuadé que tout bon ouvrage n'eſt qu'une penſée bien développée, & que cette même penſée décompoſée, en donne naturellement les diviſions & le plan : il m'a ſemblé qu'on pouvoit aiſément réduire l'Art du Chant à celui de faire mouvoir à propos les organes de la Voix & ceux de la Prononciation : Ce principe contient en lui-même tout ce qui a rapport au Chant ſimple & au Chant compoſé : le premier n'eſt qu'un aſſemblage de ſons graves & aigus de la Voix heureuſement combinés : le ſecond eſt l'application du Chant ſimple à certaines modifications de cette même Voix, je veux dire aux paroles.

PRÉFACE.

Comme je me proposois d'envisager le Chant jusques dans ses élémens, j'ai d'abord fait un cours d'Anatomie, rélativement à mon Art : j'ai ensuite osé porter l'analyse dans tous les organes de nos Sons : j'ai mesuré l'étendue, j'ai examiné la figure de chaque partie, & l'enchaînement du tout ensemble ; j'ai calculé les mouvemens particuliers propres aux divers organes, & le mouvement géneral de tout l'instrument de la Voix. J'ai remonté jusqu'à la source de cette derniere, j'en ai dérivé toutes les especes de Sons : j'ai imaginé des moyens de suppléer au défaut de capacité des poumons, de corriger les vices du principal organe de la voix, d'augmenter ou de diminuer son ressort au gré des Chanteurs, & de leur enseigner l'Art de phraser tout d'une haleine & avec aisance, quatre fois, six fois, plus long-tems qu'à l'ordinaire.

Il ne convenoit point de borner là mes Observations : aussi ai-je considéré la prononciation comme principe d'imitation & d'harmonie dans le Chant : j'ai fait voir qu'elle étoit très-propre à peindre aux oreilles & à l'ame, tous les bruits & les divers sentimens. Le soin de peindre par la prononciation, ne doit point nuire aux égards qu'on doit avoir pour l'harmonie de notre langue : aussi ai-je arrêté mes réflexions sur la nature de celles-ci, & sur certaines lettres qui entrent dans la composition de nos mots : ces réflexions n'ont point été stériles : j'en ai vu naître plusieurs regles particulieres, qui sont la source de bien des agrémens : je me ſuis appliqué à démêler avec ſoin les différences qu'il y a entre la Prononciation & l'Articulation, différences qu'on n'avoit point aſſez diſtinguées : j'ai donné pour l'une & pour l'autre des régles dont on pourra, avec de grandes reſtrictions, tranſporter l'uſage à la déclamation de la Chaire, à celle du Bareau & à celle du Théatre.

On doit dans les méthodes qu'on ſe preſcrit, imiter la Nature, dont les dernieres opérations ſont toujours plus composées que les premieres : c'eſt pourquoi j'ai tâché de m'élever à des conſidérations plus profondes que les précédentes ; j'ai mis tous mes ſoins à ſaiſir la nacure de la pareſſe & du faux de l'oreille, & à découvrir les moyens de corriger ces défauts : j'ai établi des principes pour l'uſage des Sons en général, & des agrémens en particulier : j'ai oſé aſſigner le premier, le nombre de ceux-ci, les définir, en analiſer la génération, & inventer des ſignes pour les repréſenter.

Comme cet Ouvrage tient de bien près à certaine partie de l'Anatomie & de la Phyſique, a bien des réfléxions ſur la Nature de la Langue Françoiſe, & à pluſieurs principes de Métaphyſique; il n'étoit pas poſſible que je priſſe trop de précautions pour répandre du jour ſur des matieres auſſi abſtraites : il m'a donc fallu généraliſer mes idées, en indiquer l'étendue, donner à mes penſées une progreſſion convenable, en paſſant des choſes les plus ſimples aux plus composées : je ne propose à chaque instant au Lecteur qu'un pas à faire : j'ai voulu qu'il s'apperçût de ses progrès, non par ses efforts, mais par l'espace qu'il laisseroit derriere lui. J'ai apporté beaucoup d'attention à former heureusement une chaîne qui liât naturellement & sans effort toutes les Parties & tous les Chapitres les uns aux autres : j'ai donné plus ou moins de développement à ces derniers, je les ai traités avec plus ou moins de soin, selon les degrés de leur importance : enfin, je me suis efforcé de donner au tout ensemble, ces exactes proportions qui décident le mérite des Ouvrages vraiment didactiques.

Afin que des esprits critiques, effrayés de mes analyses des Sons & de leur gé-

nération, ne m'accusent point d'avoir rendu par mes regles, le Chant plus difficile qu'il ne l'étoit avant elles; il n'est pas hors de propos d'avertir que ces analyses ne sont pas faites pour les excellens Chanteurs; qu'on n'y doit recourir que pour les Sons qu'on ne rend pas avec succès, & que l'habitude d'observer mes regles, les rendra aisées.

Si le succès couronnoit mes efforts, j'oserois espérer que mes principes bien approfondis seroient d'un grand secours dans la Pratique pour tous les gens à talent, & pour tous les Amateurs François: j'oserois encore espérer que comme j'ai consideré le Chant dans ses organes, dans ses élemens & dans son essence, l'utilité de cet Ouvrage pourroit s'étendre à toute l'Europe & à tout l'Univers qui chante. Comme il est naturel à tous les Auteurs de s'exagérer à eux-mêmes les avantages de leur travail, c'est au Public d'être leur Juge: aussi n'y a-t'il que son suffrage qui puisse décider le succès de mes Observations.

L'ART DU CHANT.

DIVISION DE L'OUVRAGE.

JE parlerai dans la premiere Partie de ce Traité, de la Voix considerée par rapport au Chant ; la Prononciation & l'Articulation envisagées eu égard au Chant, seront le sujet de la seconde Partie ; la troisiéme aura pour objet la perfection du Chant.

PREMIERE PARTIE.

La Voix considerée par rapport au Chant.

CHAPITRE PREMIER.

Combien il est essentiel de connoître les Organes & la méchanique de la Voix.

LES avantages qui résultent de la connoissance de la Voix, & l'étude profonde qu'en faisoient les Anciens, prouvent qu'on ne sçauroit trop s'attacher à les connoître.

Un Chanteur qui aura fait de profondes recherches sur le méchanisme de la Voix, aura une grande facilité à former des Sons graves ou aïgus. Il commandera en quelque ſorte à ſes Organes, il en hâtera, ou en retardera le jeu, ſelon ſon bon plaiſir; il en tirera des Sons forts, énergiques & moëlleux, ou bien des Sons tendres, légers & manierés.

La connoiſſance de la méchanique de la Voix eſt néceſſaire à tout le monde; mais elle l'eſt ſur-tout à un Maître de Chant: Il ne doit pas ſeulement étudier ſes Organes; mais encore ceux de ſes Ecoliers: s'il vient à bout de les connoître, il ne mettra dans leur bouche, que des Sons analogues à leurs Organes: il ne pliera point leur Voix à la ſienne, mais il pliera la ſienne à la leur, & il réuſſira à créer une Voix aux ſujets les plus ineptes. Une longue & heureuse expérience m'a appris qu'il n'y a point de personne si mal organisée qu'elle soit, qu'on ne puisse faire chanter, & même agréablement.

Rome & Athènes où la perfection du Chant avoit été portée à son dernier période, étoient bien convaincues que la connoissance de la méchanique de la Voix influe beaucoup sur le beau Chant. Quintilien (1) nous apprend qu'on ne négligeoit rien de son tems de ce qui avoit rapport aux Organes de la Voix; qu'il y avoit même dans Rome des personnes qui faisoient profession d'enseigner l'Art de la fortifier : Pline fait mention dans différens endroits

(1) C. 3 L. 11. Tract. de Eloquentiâ.

de

de ſon Hiſtoire de plus de vingt plantes ſalutaires aux Organes de la Voix: Cicéron (1) nous dit que les célèbres Acteurs de ſon tems avoient coûtume de chanter leur rôle étant aſſis, & que tous les matins avant de ſe lever, ils faiſoient ſortir comme par degrés leur voix de leur goſier, & qu'ils la faiſoient monter des Tons les plus bas, aux Tons les plus hauts, d'où ils la ramenoient enſuite à l'endroit d'où ils étoient partis. Par ces artifices, ils entretenoient dans leurs Organes les degrés de force, d'élaſticité, & de flexibilité néceſſaires pour former de beaux Sons. Ariſtote avoit dit les mêmes choſes long-tems avant Cicéron.

(1) L. 1. de Orat,

Pour peu qu'on fasse d'attention aux avantages multipliés qui résultent de la connoissance du méchanisme de la Voix, pour peu qu'on ait de respect pour les exemples des Anciens, on se convaincra qu'on ne sçauroit trop étudier les Organes de la Voix.

CHAHITRE II.

Quels sont les Organes de la Voix.

Comme il sera souvent question dans cet Ouvrage des Organes de la Voix; il est nécessaire d'en donner une idée précise & claire.

Les Organes de la Voix peuvent se réduire aux poumons, à la trachée artère, & au larinx. Ces différens Organes concourent à former un Tout qui eſt l'inſtrument de la Voix : je vais les faire connoître ſuccintement & en détail.

Le Poumon eſt un Viſcère fort gros ſitué dans l'un & l'autre côté de la Poitrine ; auſſi diſtingue-t'on le Poumon droit & le Poumon gauche : la ſubſtance de ce Viſcère eſt ſpongieuſe compoſée de petites cellules qui peuvent ſe contracter, & de divers conduits appellés branches, & compoſés eux-mêmes d'anneaux & de membranes. Le Poumon ſe diviſe en deux grands Lobes ; l'un eſt à droite, & l'autre eſt à gauche. Le gauche eſt diviſé en deux Lobes, & le droit en trois, & chacun de ces Lobes en une infinité d'autres petits ſeparés les uns des autres par une ſubſtance cellulaire : le Poumon eſt convexe ſupérieurement & concave inférieurement, ſa figure approche fort de celle d'un pied de bœuf.

La Trachée-artère eſt un canal qui s'étend depuis le Poumon juſqu'au Larinx.

Le Larinx eſt la partie ſupérieure la plus épaiſſe & la plus groſſe de la Trachée-artère ; elle en eſt comme la tête, elle eſt compoſée de Cartilages différemment articulés ou liés entre eux, & de quelques Muſcles : elle eſt quarrée par le haut, & circulaire par le bas.

La Glotte proprement dite, eſt la partie la plus étroite & la plus baſſe de l'ouverture du Larinx : c'eſt une

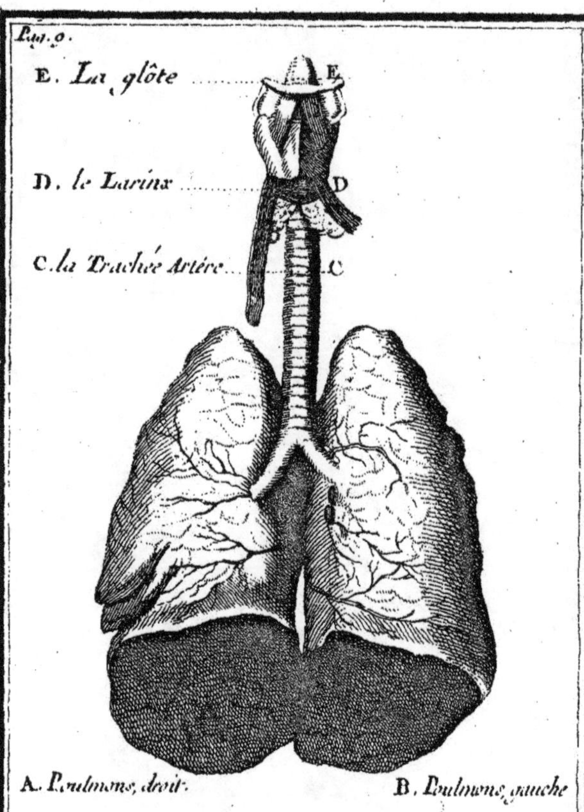
Pag. 9.
E. La glôte
E
D. le Larinx
D
C. la Trachée Artère
C
A. Poulmons, droit.
B. Poulmons, gauche

ſente horiſontale terminée par deux lévres, l'une à droite & l'autre à gauche.

Voici quel eſt l'enchaînement de toutes ces différentes Parties entr'elles : le Poumon eſt uni à la Trachée-artère ; celle-ci l'eſt au Larinx, dans lequel on trouve la Glotte : une planche rendra ſenſible aux yeux, ce que j'ai tâché de rendre ſenſible à l'eſprit.

CHAPITRE III.

De l'Inſpiration & de l'Expiration.

L'INSPIRATION & l'Expiration réunies compoſent la Reſpiration, qui n'eſt qu'un flux & reflux d'air dans les Poumons, produit par les mouvemens des Organes qui servent à cet uſage.

L'Inſpiration eſt le mouvement de l'air extérieur qui entre par la bouche, le nez & la glotte dans la Trachée-artère, & va remplir toute la capacité des Poumons : l'Inſpiration ſuit néceſſairement de la dilatation de la Poitrine : cette dilatation a ſon principe dans le mouvement des côtes qui s'élevent en ſe portant en dehors, & dans la contraction du Diaphragme, dont la partie convexe qui regarde la Poitrine deſcend & comprime le Ventre.

L'Expiration eſt l'action des Organes, par laquelle l'air intérieur eſt chaſſé des Poumons, & en ſort par les mêmes voyes qu'il y étoit entré : on doit rapporter l'Expiration au rétablissement du Diaphragme, & au retrécissement de la Poitrine, qui se fait par l'abaissement des côtes. Comme le Poumon est le centre contre lequel agissent tous ces différens mouvemens, il doit être comprimé, & l'air doit être chassé des Cellules pneumoniques où il étoit contenu : c'est cet air qui doit servir à la formation de la Voix & par conséquent du Chant, puisque ce dernier (1) *n'est qu'une sorte de modification de la Voix, par laquelle on forme des Sons variés & appréciables.*

(1) Art. *Chant.* tom. 3. de l'Encyclopédie.

CHAPITRE IV.

De la Formation de la Voix.

LE Pere Kirker, ce célébre Jésuite, né, ce semble, pour dérober à la Nature tous ses secrets, souhaitoit, il y a un siecle, la possibilité d'un instrument à cordes & à vent : il ne doutoit point qu'un Artiste créateur, qui jetteroit dans le monde un pareil Phénomène, n'y jettât des plaisirs nouveaux. Cet instrument étoit tout inventé sans qu'on le remarquât : Il existoit, & personne ne s'en étoit apperçu ; il étoit reservé à M. Ferrein (1) de le deviner dans

(1) Voy. le vol. de l'Acad. Royale des Sciences. Année 1741, pag. 409 & les suivantes.

les Organes de la Voix, & d'en prouver l'exiſtence par une diſſertation également ſolide & ingénieuſe. Hâtons-nous de venir à notre ſujet.

Des expériences faites avec ſoin, & ſouvent répetées, apprennent que ſitôt que les lévres de la Glotte demeurent également tendues, ſon retréciſſement ou ſon élargiſſement ne produiſent aucune différence dans les Sons, & qu'ainſi ils ne doivent être comptés pour rien : mes propres Obſervations m'ont de plus appris, que ſi l'on détache les lévres de la Glotte d'un Larinx d'homme, & qu'enſuite on élargiſſe ou que l'on retréciſſe cette premiere en ſoufflant par la Trachée-artère, il en réſulte un bruit qui n'a plus aucun rapport avec la Voix, & qui ne donne point cette varieté de Sons qui l'ont produit en ménageant divers degrés de tension dans les lévres de la Glotte. Voilà qu'à l'aide des expériences, nous avons secoué le joug des vieilles erreurs : c'est avoir fait un pas vers la vérité que de sçavoir qu'elle n'est point là où l'on avoit cru qu'elle étoit.

Si l'on fait une Analyse exacte des lévres de la Glotte, si on les dépouille des parties qui les environnent, & qu'après on porte un œil curieux sur elles, on observera qu'elles sont une espèce de rubans larges d'une ligne, tendus horisontalement, arrêtés par les deux bouts, susceptibles de plusieurs degrés de tension, & de différentes vibrations, ou oſcillations, & ſeparés l'un de l'autre par l'intervalle de la Glotte, de ſorte que l'air ne ſçauroit ſortir ſans déployer contr'eux ſon action. Si l'on prend un Larinx détaché du corps de l'homme, ou d'un animal, ſi l'on retrécit médiocrement l'ouverture de la Glotte, ſi on la conſerve dans cet état ſans en changer le calibre, & qu'on pouſſe l'air avec aſſez de force dans la Trachée-artère, on s'apperçoit que ces rubans ſont agités des mêmes tremblemens que les cordes d'un inſtrument de Muſique, & l'on entend le Son de la Voix qui commence ou finit avec les vibrations, & devient plus fort ou plus foible, ſuivant l'étendue de ces mêmes vibrations toujours ſenſibles à la vûe : la Voix ne vient donc pas de l'impétuoſité de l'air lancé par l'ouverture de la Glotte ; ce n'eſt point auſſi dans cette derniere qu'on doit chercher le principal Organe de la Voix, mais dans les lévres qui la terminent à droite & à gauche, & que nous appellerons indifféremment déſormais Rubans ſonores, ou Cordes vocales.

Une découverte ne ſe préſente jamais ſeule. Tous les pas qu'on feroit dans un monde nouveau, offriroient des nouveautés : c'eſt pourquoi M. Ferrein a pouſſé plus loin ſes découvertes, & a donné un heureux développement à ſon ſyſtême avec le ſecours de l'Analogie. Je parlerai d'après ce profond Obſervateur.

Il y a bien des rapports entre les rubans ſonores & les cordes iſocrones du Clavecin. La Glotte en eſt l'intervalle ; le vent qui vient frapper les cordes vocales, tient lieu des plumes qui pincent les cordes du Clavecin. La colonne d'air qui pouſſe celui qui précéde dans la Glotte, peut être conſiderée comme le Sauterau qui fait monter la languette, l'action de la Poitrine & du Poumon ſupplée les doigts, & les touches qui font monter le Sautereau.

Comme tous les Etres ſoit créés, ſoit inventés, ſont liés entr'eux par des nœuds ſecrets, ſitôt qu'on verra des rapports d'un Etre à un autre, on en verra bientôt de ce premier à un troiſiéme, & enſuite à un quatriéme, &c.

La comparaiſon de l'inſtrument de la Voix avec le Clavecin, a vraiſemblablement donné lieu à la comparaiſon de ce premier avec la Violle.

Les lévres de la Glotte ſont propres à être vibrées, & à rendre des Sons, ainſi que les cordes de la Violle. L'air eſt comme l'archet, la Poitrine & les Poumons ſont les fonctions de la main qui fait mouvoir l'archet.

CHAPITRE V.

Génération des Sons primitifs de la Voix, & leur liaison entr'eux.

LEs Obſervations apprennent que le Larinx monte tout entier dans les Sons aigus, & qu'il deſcend dans les Sons graves, & que ſon élévation & ſon abaiſſement ſont dans une exacte proportion avec ces ſortes de ſons : M. Ferrein a remarqué que quand le Larinx monte, les Cartilages auxquels ſont attachées les extrémités des rubans ſonores s'éloignent les uns des autres, & donnent à ces rubans des dégrés de tenſion proportionnés à leur allongement ; ce ſont ces degrés de tenſion qui rendent les vibrations plus promptes & le ſon de la Voix plus aigu. Il ſuit de tout ceci, & les expériences que j'ai faites m'ont appris qu'on peut regarder les mouvemens du Larinx comme ſignes de la tenſion ou du relâchement des cordes vocales, tout comme on peut conſidérer certains mouvemens des chevilles de la Violle ou du Violon, comme ſignes de la tenſion ou du relâchement des cordes de ces inſtrumens.

Il eſt aiſé de procéder maintenant à la génération des Sons : on devine déja que pour former des Sons aigus, il faut faire monter le Larinx, que pour rendre un Son ſix fois plus aigu qu'un autre, le Larinx doit s'élever de ſix degrés, de ſix lignes par exemple, que pour former un Son plus

plus aigu d'un demi dégré, il faut faire monter le Larinx d'une demi-ligne; on comprend que par la raiſon des contraires, il faut faire deſcendre le Larinx pour les Sons graves, & que les degrés d'abaiſſement ſont exactement dans les mêmes proportions, que les degrés d'élevation dans les Sons aigus. (1)

Comme nous avons dit dans le Chapitre précédent que l'air contenu dans le Poumon que nous appellerons Air intérieur, doit être regardé comme l'archet qui imprime du mouvement aux cordes vocales, il eſt évident que la force ou la foibleſſe

(1) On peut ſe convaincre de la vérité & de l'exactitude de ces proportions, en portant le doigt ſur le Larinx, lorſqu'on rend des Sons aigus ou graves.

des Sons augmentera à meſure que l'air intérieur agira ſur les lévres de la Glotte avec plus ou moins d'énergie ; c'eſt que dans ces différens cas les oſcillations des rubans ſonores ſeront plus ou moins profondes : perſonne n'ignore que c'eſt leur étendue qui décide la force ou la foibleſſe des Sons.

Il n'eſt pas hors de propos d'obſerver que ce que j'ai dit ſur la génération des Sons aigus & des Sons graves ne doit point être pris dans une rigueur géométrique ; car le Larinx demeurant immobile, on pourroit abſolument rendre ſucceſſivement des Sons aigus & des Sons graves ; il n'y auroit pour cela qu'à avancer les lévres, les ramener enſuite vers les dents, & qu'à continuer ce jeu : on voit que dans ces différens cas la Mâchoire devroit être considerée comme une corde tantôt plus, tantôt moins longue ; mais parce qu'il n'arrive presque jamais dans le Chant qu'on ôte au Larinx la liberté de monter ou de descendre, on ne doit tenir nul compte de cette exception à la régle.

Nous avons les élémens du Chant dans les Sons dont nous avons expliqué la génération : un Esprit philosophique s'appercevra qu'ils contiennent en eux-mêmes une infinité d'autres Sons, & que c'est pour cela que nous les avons appellés Sons primitifs : comme ces élémens existent en quelque sorte dispersés, & qu'ils ſont infiniment mobiles de leur nature, je vais apprendre l'Art de les réunir, & d'enchaîner leur mobilité.

On peut regarder les liens qui uniſſent les Sons principaux entr'eux, comme de moindres Sons placés dans l'intervalle d'un Son à l'autre: ils ſont produits par des vibrations excitées dans les lévres de la Glotte par une douce expiration; comme ces vibrations peuvent être plus ou moins conſidérables, les liens peuvent être plus ou moins forts. Ce Chapitre m'ouvre des jours immenſes; je me ſens entraîner par l'importance des matières.

CHAPITRE VI.

Usage de l'Inspiration & en particulier de l'Expiration par rapport à la génération des Sons à caractère.

CIceron (1) dit *que la Musique se propose de peindre les passions du cœur humain & les mouvemens qui ont lieu dans le Monde Physique*, à sçavoir la crainte ou l'esperance, la tristesse ou la joye, le bruit du tonnerre ou le murmure d'un ruisseau, le vol de Borée ou le vol d'un Amour: l'on voit que l'objet de la Musique est un peu différent de celui de la Peinture : celle-ci nous offre l'image immobile des Corps en mouvement,

(1) *Lib.* 3. *de Orat.*

& laiſſe deviner les paſſions : le Chant n'a point d'autre objet que celui de la Muſique, il n'eſt lui-même que la Muſique animée, je veux dire, tranſportée de deſſus le papier dans la bouche des Amateurs & des Gens à talens.

C'eſt d'après la remarque de Cicéron que je diviſerai les Sons à caractère, j'entends par-là tous les Sons marqués au coin de la Paſſion : on peut conſidérer comme tels ceux dont je donnerai la génération : je mettrai dans la première Claſſe, ceux qui ont rapport aux grandes paſſions & aux mouvemens violens : je rangerai dans la ſeconde, ceux qui ont rapport aux paſſions tranquilles & à des mouvemens peu conſidérables & gracieux. L'Art de bien inſpirer & de bien expirer étant le principal reſſort qui produit les Sons dont j'expliquerai la génération, il me faut donner briévement des Régles à ce ſujet.

Pour bien inſpirer il faut élever & élargir la Poitrine de telle ſorte que le ventre ſe gonfle : par cet artifice on remplira d'air toute la cavité du Poumon : pour bien expirer il faut faire ſortir l'air intérieur avec plus ou moins de force, avec plus ou moins de volume, ſelon le caractère du Chant.

On peut réduire les Sons de la première Claſſe aux Sons violens, entrecoupés, majeſtueux & étouffés : je me diſpenſerai de mettre à la tête de chaque Article ces mots : *pour rendre tel Son*... ou de recourir à de vaines périphraſes.

PREMIÉRE CLASSE.

Sons Violens.

POUR former un Son violent, il faut faire ſortir l'air avec une extrême rapidité par la Glotte : ſon action contre les Cordes vocales les déterminera à des oſcillations profondes & en tirera des Sons violens.

Sons Entrecoupés.

On doit avoir ſoin de ſuſpendre l'Expiration à la fin de chaque Son : il n'y aura point alors de vibrations dans les rubans ſonores dans l'intervalle d'un Son à l'autre, & par-là même point de liaiſon : à proportion que le tems où l'on ſuſpendra ſon Expiration ſera plus conſidérable, les

Sons ſeront plus entrecoupés, c'eſt que dans ce cas, il y aura plus loin d'un Son à l'autre.

Sons Majeſtueux.

Expirez quelque tems ſur chaque Son de manière que l'air intérieur ſorte avec une certaine vîteſſe qui croiſſe ſucceſſivement par ces moyens: vous donnerez aux Sons les degrés de force & de volume qu'exige leur caractère de Majeſté.

Sons Etouffés.

Il faut s'arrêter un peu ſur chaque Son, & le retenir dans la bouche: on comprend qu'alors les mêmes oſcillations des lévres de la Glotte ſeront continuées, & que les Sons retenus dans la bouche s'amortiront, & qu'ainſi ils acquerront les degrés d'étendue & d'obſcurité néceſſaires.

SECONDE CLASSE.

La ſeconde Claſſe contient les Sons Légers, Tendres & Manièrés.

IL m'eût été aiſé de pouſſer plus loin cette énumeration : mais comme les Sons que j'aurois pû ajouter ſont dérivés de ceux que je viens de nommer, mes Lecteurs pourront faire l'application de mes Principes.

Sons Légers.

On ne doit preſque point inſiſter ſur les Sons : il faut rendre l'air intérieur en petit volume, & avec douceur : pour lors des Vibrations de différente eſpèce ſe ſuccederont dans les cordes vocales : d'ailleurs les premières auront peu d'étendue, & les Sons auront le caractère de mobilité & de légereté dont il s'agit.

Sons Tendres.

Il faut expirer quelque tems & mollement ſur chaque Son ; par-là on lui imprimera un caractère de durée & de douceur propre à la tendreſſe.

Sons Manièrés.

Expirez le plus doucement qu'il vous ſera poſſible, enſorte que les rubans ſonores ſoient réduits à de foibles oſcillations, ou à des demi-oſcillations, & alors les Sons ſeront manièrés.

Comme les divers mouvemens, dont je viens de parler, peuvent croître ou diminuer presqu'à l'infini; aussi les différens Sons dont il a été question peuvent varier presqu'à l'infini, c'est-à-dire que leur caractère peut être plus ou moins marqué.

CHAPITRE VIII.

Usage de l'Inspiration & de l'Expiration, par rapport aux Agrémens.

IL n'est pas douteux que l'Art de bien inspirer & de bien expirer, ne multiplie les forces d'un Chanteur, & ne lui donne une grande facilité pour bien finir les Agrémens! Supposons qu'un homme accoutumé à ne faire que des demi-inspirations, en faſſe une entière : il eſt évident qu'il pourra expirer pendant un tems double ſans reprendre haleine, en rendant le même volume d'air intérieur qu'à l'ordinaire ; ſi cette même perſonne ne laiſſe ſortir des Poumons qu'un volume d'air la moitié moindre que le précédent : elle pourra expirer pendant un tems quadruple, & par conſéquent elle pourra phraſer quatre fois plus long-tems qu'auparavant. On pourroit pouſſer plus loin ce calcul.

En pratiquant les Régles que je viens de donner, on ſçaura enfler avec ſuccès un Son d'une longue tenue : on fera les martellemens des cadences & les roulades d'une manière nette & brillante : on rendra diſtinctement la fin de chaque Son; on ne ſera point de chutes bruſques : on n'aura point l'air fatigué dans le Chant : on n'interrompra point le ſens d'une phraſe par pluſieurs inſpirations, & l'on évitera une infinité d'autres fautes qui terniſſent l'éclat des plus belles Voix.

On peut étendre l'uſage de mes Régles juſqu'à l'Agrément que nous appellons Point d'Orgue, & que les Italiens nomment *Cadenza* : ils le placent ordinairement au milieu & à la fin d'une Ariette : cet Agrément exige des infléxions de Voix extrêmement déliées & des Sons manièrés : il y a beaucoup de difficultés à vaincre pour le bien finir : auſſi les Chanteurs qui le font avec préciſion & tout d'une haleine ſont-ils ſûrs des applaudiſſemens des Auditeurs.

Quoique les Italiens ſoient plus accoutumés à chanter avec un petit volume de Voix & à Sons aigus que les François, ceux-ci à l'aide de mes Obſervations, réuſſiront à former le Point d'Orgue avec autant de graces & de perfection que ceux-là.

Si la vérité de la méthode que j'ai enſeignée étoit moins ſenſible, je pourrois dire que l'expérience m'en a confirmé la ſolidité, qu'en la faiſant pratiquer j'ai tiré des Sons moëlleux, forts & gracieux des Organes les plus lourds, que je les ai rendus capables de rendre les Agrémens les plus difficiles avec une ſinguliére perfection. Quels miracles ne doit point opérer l'Art ſur des Sujets bien organiſés !

CHAPITRE IX.

Corollaires qui ſuivent des Chapitres précédens.

JE regarde les Chapitres précédens comme des principes féconds d'où naiſſent une infinité de conſéquences : je ferai mention de quelques-unes qui ont rapport aux qualités de la Voix & aux différentes eſpèces de Voix : j'en tirerai d'autres plus utiles, puiſqu'elles ne tendront à rien moins qu'à corriger les défauts des Organes, & à établir l'empire de l'Art.

Les cordes vocales étant ſuſceptibles

bles de divers degrés de tension, elles équivalent à plusieurs cordes de la même espèce, mais de différentes longueurs. Aussi l'instrument de la Voix quoiqu'il soit bicorde (1) donne-t'il un grand nombre de Sons, & les Chanteurs s'élevent-ils jusqu'à la double Octave. Si les rubans sonores pouvoient être plus tendus à l'infini, l'on pourroit en tirer une infinité de Sons de différentes sortes. On voit comment on pourroit tirer autant de Sons d'un Monocorde (2) que d'un Violon: il ne seroit question que de ménager dans le premier instrument beaucoup de degrés de tension. Il est vrai qu'on n'en tireroit pas plusieurs

(1) Instrument à deux cordes.

(2) Instrument à une corde.

Sons différens à la fois, comme du Violon, où l'archet peut appuyer en même-tems sur deux cordes de diverse espèce; mais cet inconvénient n'est rien, vû la rapide succession de Sons variés que donne une même corde plus ou moins tendue.

Comme on peut supposer que dans la plûpart des hommes, les lévres de la Glotte sont épaisses, longues & tendues différemment, on peut de ces suppositions dériver aisément les diverses sortes de Voix; je veux dire de basse-Taille, de Taille, de Dessus, de haute-Contre, &c. Hâtons-nous de courir à des vérités plus importantes.

La plûpart des défauts de la Voix naissent des Organes; je tâcherai de faire ſortir le remède de la ſource même du mal.

Les cordes vocales peuvent être trop tendues dans certains ſujets, & alors les Sons pour être trop aigus, ſeront un peu aigres. On doit alors faire monter le Larinx par degrés inſenſibles; & ainſi les rubans ſonores ſeront moins tendus, & les Sons ſeront moins aigus. Quand il eſt queſtion de former des Sons graves, il faut bien faire deſcendre le Larinx, parce qu'alors les rubans ſonores ſeront plus relâchés, & par conſéquent les Sons plus graves.

Si les tons que les perſonnes ſuppoſées rendent, ſont trop aigus d'un demi-ton, les degrés d'élévation du Larinx doivent être la moitié moindres, & les degrés d'abaiſſement doivent être la moitié plus conſidérables. Ces Régles ont lieu pour les gens qui ont les cordes vocales trop courtes ou trop déliées, ainſi que pour ceux qui les ont trop tendues.

L'on peut avoir la Voix trop grave & un peu rauque; c'eſt-à-dire, les lévres de la Glotte trop épaiſſes, trop longues ou trop relâchées : on doit pour lors dans les Sons aigus élever le Larinx plus qu'à l'ordinaire, & le faire moins deſcendre dans les Sons graves : l'excès d'élevation ou d'abaiſſement doit juſtement répondre au défaut dont il s'agit.

Il peut arriver que la cavité du Poumon n'ait point aſſez d'étendue, & que par conſéquent elle ne ſoit pas propre à recevoir une aſſez grande quantité d'air : dans ce cas, il faut s'habituer à faire de grandes inſpirations, & à chaſſer l'air intérieur en petit volume : par cet artifice & par cette ſage œconomie, on déguiſera & l'on fortifiera heureuſement ſa foibleſſe : ces derniers corollaires prouvent que ce n'eſt point les Voix qui manquent à la Muſique ; mais que c'eſt l'Art qui manque aux Voix.

CHAPITRE X.

Tout l'Art du Chant envisagé précisément eû égard à la Voix, consiste à faire monter & descendre à propos le Larinx, à bien inspirer & à bien expirer.

CEux qui traitent des Arts ne sçauroient trop s'attacher à les présenter sous des idées systématiques : offrir au Lecteur une foule de régles, c'est accabler la mémoire, c'est effrayer les esprits. Il n'est pas aisé de sçavoir toutes choses même dans un seul Art, mais il est aisé de sçavoir les premiers principes de tous les Arts & de toutes les Sciences. C'est pour ces raisons que j'ai réduit l'Art du Chant considéré précisément par rapport à la Voix, aux deux principes que j'ai indiqués. Ils suivent des Chapitres précédens, comme une conséquence suit de son principe : une courte induction va le prouver.

Il est évident par tout ce que j'ai dit jusqu'ici, qu'à proportion que le Larinx s'éleve ou s'abaisse davantage, les Sons sont plus ou moins aigus, plus ou moins graves; qu'à mesure qu'on rend l'air intérieur avec plus ou moins de rapidité, les Sons sont plus ou moins forts; que lorsqu'on fait sortir l'air des Poumons avec plus ou moins de douceur dans l'intervalle des Sons, ceux-ci sont unis par des liens plus ou moins sensibles; qu'à proportion qu'on expire plus ou moins long-tems ſur les Sons, ils ſont plus nourris & plus moëlleux; que lorſqu'on y expire quelque tems & avec une certaine force, ils ſont majeſtueux; que quand on y expire long-tems & mollement, ils ſont tendres; que lorſqu'on y expire avec douceur & très-peu de tems, ils ſont légers & gracieux; enfin que lorſqu'on ſçait attirer une grande quantité d'air dans les Poumons, & le rendre enſuite en petit volume, on a une grande facilité à faire de longues phraſes, & à exécuter avec tout le ſuccès poſſible tous les agrémens. Ne ſemble-t'il pas que je viens de tracer le portrait du beau Chant, enviſagé préciſément par rapport à la Voix? Je n'ai fait cependant que rapprocher des corollaires déduits des principes que j'ai exposés au commencement de ce Chapitre : une supposition répandra encore de plus grands jours sur la solidité de ces derniers.

Supposons qu'un Artiste inventeur fasse un instrument semblable au Larinx, & qu'il attache à la glotte qu'il y aura ménagée, des cordes ou rubans d'une matière & d'une figure analogue aux cordes vocales, en sorte qu'à l'aide de quelques ressorts on puisse tendre ou relâcher ces premiers: supposons de plus, qu'il supplée les Poumons par un soufflet ou par quelqu'autre espèce de pompe, il est sûr qu'il nous donnera d'après la Nature un Bicorde pneumatique (1) : s'il insinue

(1) Instrument à deux cordes & à vent.

cet inſtrument dans le corps d'une ſtatue de figure humaine de manière qu'on puiſſe le faire jouer, il nous fera voir un Automate qui imitera parfaitement la Voix, & qui ſera très-capable de chanter les plus beaux airs.

On comprend que l'Art de jouer de ce nouvel inſtrument, ſe réduiroit à faire mouvoir à propos les reſſorts qui tendent ou relâchent les cordes, à pomper l'air & à le rendre avec force, ou avec douceur. La ſuppoſition eſt ici la réalité elle-même. On peut regarder le Larinx comme les reſſorts où ſont attachés les rubans de l'inſtrument dont nous venons de parler : les Poumons en ſont les ſoufflets; l'inſpiration eſt l'Art de pomper l'air, l'expiration eſt l'Art de le rendre.

SECONDE PARTIE.

La Prononciation & l'Articulation envisagées eu égard au Chant.

DIVISION DE LA SECONDE PARTIE.

SI le Chant n'employoit que les Sons primitifs pour tracer ses tableaux, & pour former ses images, il ne différeroit guère de la Musique instrumentale ordinaire : mais il s'est approprié certaines modifications de la Voix, je veux dire les paroles ; ensorte qu'il offre à l'ame & des idées & des sensations : c'est pour cela même qu'il est la source de bien des agrémens, & qu'il exerce un empire également doux & violent. Tout le monde voit que la prononciation & l'articulation ressortent du domaine du Chant : pour ne point usurper les droits de la Grammaire, je traiterai de toutes les deux considérées par rapport à ce premier.

CHAPITRE PREMIER.

Définition de la Prononciation.

LEs Ecrivains qui ont traité jusqu'à présent de la Prononciation & de l'articulation, n'ont point assez distingué l'une de l'autre : on dit cependant tous les jours : *Voilà une personne qui prononce bien, c'est dommage qu'elle articule mal* : l'on dit aussi, *voilà une personne qui articule bien, c'est dommage qu'elle prononce mal*: ce n'est point ici le lieu de démêler les différences qu'il y a entre l'une & l'autre.

La prononciation consiste à ne point donner aux lettres d'accent étranger : elle dépend beaucoup de la connoissance pratique des brèves & des longues, des ê ouverts & des ê fermés, &c. elle est assujettie en ce genre à des regles fixes & déterminées ; elle doit s'attacher à conserver aux lettres les qualités qui leur sont propres : celles-ci ont leurs principes dans les mouvemens des Organes de la prononciation, & dans les divers caractères du Chant : les loix qui dirigent les Chanteurs à cet égard, varient à l'infini à cauſe des mitigations dont elles ſont ſuſceptibles : il faut faire attention à tous les degrés & à toutes les nuances des paſſions ; c'eſt au ſentiment de les ſaiſir, c'eſt au goût & à l'art de les rendre : ce dernier rend la prononciation très-capable d'imiter la Nature.

CHAPITRE II.

Qu'il eſt important de bien prononcer dans le Chant.

SI l'on obſerve que le Chant n'eſt qu'une déclamation plus embellie que la déclamation ordinaire, on comprendra qu'on doit ſe ſoumettre au joug de la Proſodie Françoiſe, & qu'on ne ſçauroit impunément refuſer aux lettres leurs différentes qualités, puiſque ces dernieres ſont l'ame des paroles : les langues ſont des divinités, tout ce qui a rapport avec elles eſt ſacré.

CHAPITRE III.

Génération des Lettres, & leur liaiſon entr'elles.

IL n'arrive que trop ſouvent que des gens élevés & inſtruits dans le ſein de la capitale, & qui prononcent bien dans la converſation & dans la déclamation, prononcent très-mal dans le Chant, ſoit parce qu'alors leur attention eſt partagée entre le ſoin de rendre les tons, & celui de rendre les paroles ; ſoit parce que les Sons variés qu'exige le Chant, multiplient les difficultés de la belle prononciation : ces difficultés doivent être plus grandes pour les Provinces, & les Etrangers qui ſont loin de la ſource de notre langue, je veux dire de la Cour. Voici une liſte de pluſieurs fautes que j'ai occaſion de remarquer tous les jours, quelques-unes d'entr'elles ſont ſi groſſières, qu'elles ne paroîtront pas vraiſemblables : il ſeroit cependant à ſouhaiter qu'elles fuſſent moins communes.

On prononce Arémide, *au lieu de* Armide
Bérouger . . . . . . *de* Berger.
Béruler . . . . . *de* Brûler.
Chadore . . . . *de* J'adore.
Chaime . . . . *de* J'aime.
Chardin . . . . *de* Jardin.

Chéant

Chéant. . . . . *de* Géant.
Chénéreux . . . *de* Généreux.
Hélas . . . . . *de Hêlas.*
Malegré . . . . *de* Malgré.
Mérecure . . . *de* Mercure.
Parefaitement . . *de* Parfaitement.
Pêiſage . . . . *de Péiſage.*
Perintems . . . . *de* Printems.
Pêſibles . . . . . *de* Péſibles.
Plêſir . . . . . *de* Pléſir.
Quéle prix . . . *de* Quel prix.
Quile ſommeille. *de* Qu'il ſommeille.
Rendere . . . . *de* Rendre.
Tende . . . *de* Tendre.
Vouſſavés . . . *de* Vous avez.

L'on ne rougit point de ſe permettre en chantant, les prononciations les plus triviales, comme celles-ci, *la victouêre, la glouêre, la vouêx*, &c.

No perenes quo l'amoure poure maitro. . . . . .
Quo craignes vous charamanto Reino. . . . . .

Je ne veux pas étendre davantage cette liſte de peur de cauſer de l'ennui. On ne ſçauroit éviter ces fautes, & une infinité d'autres, que par une connoiſſance exacte du jeu méchanique des Organes, duquel réſulte la prononciation; quoique le Maître de la Scène comique (1) ait jetté du ridicule ſur cette matière, j'oſerai faire part de mes réflexions au Public: tout Lecteur Philoſophe qui ſçaura que les paroles doivent toute leur expreſſion & leur vie aux mouvemens des Organes, me ſçaura gré de mes remarques. Pour procéder avec ordre, 1°. je m'aſſujettirai à l'ordre alphabétique, 2°. je dériverai certaines qualités des lettres du jeu méchanique des Organes, par où on les forme.

(1) Moliere, dans le Bourgeois Gentilhomme.

A.

L'*a* ouvert ſe prononce en ouvrant la bouche en large & comme en riant. L'*a* fermé demande un ſemblable, mais moindre mouvement : comme le goſier influe beaucoup à la prononciation de cette lettre, on l'appelle gutturale.

B.

Fermez la bouche, appuyez un peu les lévres l'une ſur l'autre, c'eſt pourquoi *b*, eſt une lettre labiale.

C.

Il faut porter le bout de la langue ſur les gencives inférieures, joindre les dents & comprimer l'air contr'elles : auſſi nomme-t'on le *c*, lettre dentale & ſifflante.

D.

Donnez avec douceur du bout de la langue ſur les dents ſupérieures & inférieures : *d.* eſt une lettre linguale & dentale.

E.

L'e, fermé & maſculin ſe prononce en ménageant une ouverture de bouche en large, en découvrant les dents ſupérieures & les inférieures, & en les tenant un peu ſéparées : cette lettre eſt une lettre claire, on forme l'ê ouvert par une ouverture de bouche plus grande & plus ronde que la précédente, & en éloignant davantage les dents que dans le premier cas. L'e muet féminin n'exige qu'une petite ouverture de bouche. On doit regarder les trois ſortes d'*e*, comme lettres gutturales.

F.

Approchez les lévres l'une de l'autre, enſorte que celle d'en-bas aille toucher celle d'en-haut. L'on peut nommer l'*f* lettre dentale & labiale.

G.

Il faut ſerrer les dents, & comprimer l'air qui ſort du goſier entre la langue & le palais qui le réfléchit: c'eſt cette réfléxion de l'air qui donne la génération du *g* : il eſt lettre dentale & palatalle.

H.

L'*h* ſe prononce en ſerrant un peu le goſier ; & par une petite ſecouſſe de poitrine qui le rend aſpiré ; cette lettre eſt gutturale & douce.

I.

Le même jeu d'Organes doit avoir lieu pour l'*j* conſonne que pour le *g*, avec ces différences, que ce jeu doit être plus foible, & qu'il faut approcher les dents d'en-bas de celles d'en-haut, & non les ſerrer : quand il faut prononcer l'*j* conſonne délié, comme dans les mots *jardins*, *j'adore*, &c. il faut lever le bout de la langue vis-à-vis les gencives ſupérieures, enſorte qu'elle éprouve une eſpèce de frémiſſement ; on doit regarder l'*j* conſonne, comme une lettre palatalle dans le premier cas, & comme une lettre dentale & linguale dans le ſecond.

L'*i* voyelle ſe forme comme l'*y* : voyez l'Article qui concerne cetre derniere lettre.

K.

La prononciation du k exige une ſecouſſe ſéche du goſier, auſſi on la nomme gutturale & dure.

L.

On doit appliquer mollement le bout de la langue au palais ; la lettre *l*, eſt linguale & palatalle.

M.

Frappez de la lévre inférieure la ſupérieure, enſorte que l'air ſoit réfléchi dans le nez : on peut appeller l'*m*, lettre labiale & nazale.

N.

Il faut porter la langue ſur les gencives des dents ſupérieures, de manière que le nez éprouve une eſpèce de frémiſſement : on nomme cette lettre nazale.

O.

L'*o* ſe prononce en allongeant les lévres & en arrondiſſant leur ouverture : comme le goſier n'influe pas peu à la prononciation de cette lettre, elle eſt gutturale.

P.

Joignez la lévre inférieure à la ſupérieure, & ſéparez-les par une ſecouſſe de goſier, on doit regarder le *p*. comme lettre labiale & gutturale.

Q.

La prononciation de cette lettre demande une ſecouſſe de goſier, & qu'on avance les lévres, auſſi *q*. eſt-il une lettre gutturale.

R.

Il faut porter la langue au-dessous des dents supérieures, & pousser l'air du gosier, de sorte que cet air réfléchi par le palais, détermine la langue à une espèce de tremblement, c'est pourquoi l'*r* doit être appellée dentale & linguale.

S.

Ayez soin de porter la langue devant les dents que vous joindrez : de ce jeu résultera la prononciation de l'*ſ*; je la nomme sifflante & dentale.

T.

On doit placer le bout de la langue entre les dents supérieures & les inférieures, & les séparer par une sacade de gosier: *T.* est tout ensemble lettre dentale, linguale & gutturale.

U.

Avancez les lèvres de manière qu'elles forment une petite ouverture: donnez au gosier une molle secousse. L'*u* est appellé lettre gutturale, & demi-labiale.

V.

Les lévres inférieures doivent aller battre contre les supérieures, de manière qu'il y ait une ouverture ménagée au centre de la bouche: on doit mettre l'*v* consonne dans la classe des lettres labiales.

X.

Il faut porter le bout de la langue sur les gencives inférieures, il faut donner une ſecouſſe au goſier & ſerrer les dents, pour que l'air aille ſe comprimer contr'elles. L'*x* eſt une lettre douce, gutturale & dentale.

Y.

Approchez les dents ſupérieures des inférieures : portez légérement la langue ſur les gencives des premières, & ménagez une petite ſecouſſe de goſier ; on peut compter l'*y* au nombre des lettres dentales & gutturales.

Z.

Portez la langue devant les dents, & pouſſez avec un peu de vivacité l'air contr'elles. Le *z* eſt tout enſemble lettre douce, ſifflante & dentale.

La liaiſon des lettres ſe fait par une eſpèce de frémiſſement qui perſévere dans les Organes après la prononciation de chaque lettre : on peut appliquer aux Organes de la bouche, ce que nous avons dit des rubans ſonores dans le Chapitre (1) de la liaiſon des Sons entr'eux.

On doit comprendre actuellement qu'il ne ſeroit pas impoſſible d'apprendre à des Sourds de naiſſance à parler ; il n'y auroit qu'à leur apprendre à donner par imitation à leurs Organes les mouvemens d'où réſulte la prononciation des lettres, des ſyllabes & des paroles, & qu'à leur montrer les objets dont ces dernieres ſont ſignes : l'expérience juſtifie la vérité de la réflexion que je viens de faire : on doit regarder ce Chapitre comme le germe de pluſieurs autres.

(1) Voyez Chap. VI. premiere Partie.

CHAPITRE IV.

Diviſion des différentes ſortes de Prononciation.

ARetin, Moine Ferrarois, eſt célebre pour avoir diviſé le Chant en trois eſpèces, en Chant dur, en Chant doux, & en Chant naturel, lequel participe des deux premiers : j'oſe ajouter deux nouvelles eſpèces, le Chant obſcur, & le Chant clair : on doit diſtinguer tout autant de ſortes de prononciations.

CHAPITRE V.

Quel Jeu méchanique des Organes doit avoir lieu pour les différentes eſpèces de Prononciations que nous avons indiquées.

LA force des mouvemens que j'ai preſcrits pour la génération des lettres, peut croître, & alors la prononciation deviendra plus dure : la douceur de ces mêmes mouvemens peut augmenter, & la prononciation deviendra plus douce : ils peuvent être ni doux ni forts, & déterminés à une juſte médiocrité, & la prononciation ſera naturelle : l'air vibré par le mouvement des Organes, peut être plus ou moins retenu dans la bouche,

& la prononciation ſera plus ou moins obſcure : on peut laiſſer à ce même air une ſortie plus ou moins libre, & donner au jeu des Organes plus ou moins de développement, & la prononciation ſera plus ou moins claire: Je viens d'établir les principes d'un Traité entier ſur la prononciation propre au Chant : la déclamation de la Chaire, celle du Bareau, & celle du Théatre, ſont encore du reſſort de ces mêmes principes.

CHAPITRE VI.

Quand est-ce qu'on doit faire usage des différentes sortes de Prononciations?

C'Est au caractère des paroles de décider l'usage qu'on doit faire des différentes sortes de prononciations : ce caractère est déterminé par la nature des objets que les paroles représentent : elles peuvent être signes d'objets sérieux, terribles ou tristes, d'objets frivoles, aimables, gais ou indifférens, d'objets qui deviennent, par exemple, plus tristes ou plus gais par degrés, d'objets terribles qui succedent à des objets aimables : les paroles peuvent exprimer des objets analogues entr'eux, des objets qui ont

ont les airs des objets opposés. Dans toutes ces suppositions différentes, la prononciation doit varier.

Il faut que la prononciation soit dure & obscure lorsque les paroles représentent des bruits terribles : on ne sçauroit appuyer trop fortement sur la prononciation, & lui donner trop d'obscurité dans cet endroit de la Cantate de Circé (1), où le Poëte peint les effroyables effets des enchantemens de cette célébre Magicienne.

La Terre tremblante
Frémit de terreur :
L'Onde turbulante
Mugit de fureur ;
La Lune sanglante.
Recule d'horreur.

(1) Les paroles sont de Rousseau, & la Musique de M. de Blamont.

On doit imprimer un caractère de dureté & d'obſcurité à la prononciation dans tous les endroits ſérieux, & toutes les fois que les paroles expriment des paſſions terribles ; comme quand il eſt queſtion de diſcours d'un grand Prêtre, d'oracles d'une Divinité, de jalouſie d'un Cyclope, du déſeſpoir d'Armide, du courroux de Neptune, de la fureur des Démons, qui dans Caſtor & Pollux, pour effrayer ce dernier, qui va chercher ſon frere aux Enfers, exhalent ainſi leur rage (1).

Briſons tous nos fers.
Ebranlons la terre,
Embrâſons les airs:

(1) Les paroles de cet Opéra ſont de M. Bernard, & la Muſique de M. Rameau.

Qu'au feu du tonnerre
Le feu des Enfers
Déclare la guerre.

La prononciation doit être extrêmement obſcure, c'eſt-à-dire étouffée dans le pathétique larmoyant, comme dans ces vers tirés du commencement de la Cantate de Circé (1): cette Princeſſe tient les yeux fixés ſur les flots, elle croit voir encore la trace du vaiſſeau d'Ulyſſe qui la fuit: elle fait parler ainſi ſa douleur & ſon amour à ce volage Héros.

Cruel, Auteur des troubles de mon ame,
Que la pitié retarde un peu tes pas;
Tourne un moment les yeux ſur ces climats,
Et ſi ce n'eſt pour partager ma flâme,
Reviens du moins pour hâter mon trépas.

(1) Les paroles ſont de Rouſſeau, & la Muſique de M. de Blamont.

Des paroles destinées à peindre des bruits gracieux, comme le murmure d'un ruisseau, ou le chant des oiseaux, &c. doivent être prononcées d'une maniere douce & claire. On ne sçauroit rendre avec trop de douceur & de clarté dans la prononciation les vers de la Cantate de Céphale (1), que l'Aurore après avoir surpris son Amant dans les bras du sommeil, adresse aux ruisseaux, aux oiseaux, & aux zéphirs.

Vous qui parcourés cette plaine,
Ruisseaux, coulez plus lentement,
Oiseaux, chantez plus doucement,
Zéphirs, retenez votre haleine.

Il faut prononcer avec douceur & clarté les paroles qui expriment les

(1) Les paroles sont de Rousseau, & la Musique de Baptistain.

paſſions tranquilles, tendres & aimables : c'eſt pourquoi les Ariettes, les Brunettes, & les Vaudevilles, & tous les morceaux badins, tendres & galans reſſortent du domaine de la prononciation douce & claire. Elle doit avoir ſur-tout lieu dans les vers (1) que Renaud chante à Armide dans la première Scène du cinquiéme Acte : cette Princeſſe veut s'éloigner pour quelques inſtans, afin d'aller prévenir les malheurs qu'elle appréhende ; elle fait part à ſon Amant des ſujets de ſes frayeurs. Elle lui dit qu'elle craint que la gloire & le devoir ne viennent traverſer leurs amours : celui-ci répond tendrement.

(1) Les paroles ſont de Quinault, & la Muſique de Lully.

J'en ſuis plus amoureux, plus la raiſon m'éclaire;
Vous aimer, belle Armide, eſt mon premier devoir :
Je fais ma gloire de vous plaire,
Et tout mon bonheur de vous voir.

Les paroles qui n'ont point de caractère marqué, c'eſt-à-dire qui ſignifient des choſes indifférentes, n'exigent qu'une prononciation naturelle: cette régle s'étend à preſque tous les vers deſtinés à préparer les Scènes, ou à les lier entr'elles, comme ceux-ci de l'Opéra de Cadmus (1).

Cadmus veut eſſayer de rendre Mars propice,
C'eſt ici, qu'il prétend offrir un ſacrifice.

Quand les paroles repréſentent les divers degrés d'accroiſſement d'une

(1) Les paroles ſont de Quinault, & la Muſique de Lully.

paſſion, la prononciation doit devenir plus dure, ou plus douce, plus obſcure, ou plus claire par degrés : quand elles expriment le paſſage d'une paſſion à une autre oppoſée, comme de la triſteſſe à la joye, une prononciation douce & claire doit ſuccéder à une prononciation dure & obſcure : quand les paroles peignent le paſſage d'une paſſion à une autre paſſion analogue, par exemple, de l'amitié à l'amour, on doit adoucir & éclaircir par degrés preſqu'inſenſibles la prononciation; quand elles repréſentent une paſſion qui a les airs d'une autre paſſion, comme un eſpoir inquiet, il doit regner dans la prononciation un certain mélange de dureté, & de douceur, d'obſcurité, & de clarté.

Une perſonne éclairée ſaiſit toutes ces nuances, ces différences, & ces gradations, & elle les fait ſentir dans la prononciation, tandis qu'elles échappent à un Chanteur médiocre : c'eſt pourquoi l'on peut, dire que les Arts divers ont leurs myſteres, & qu'ils n'en révélent la parfaite connoiſſance qu'à peu de gens.

CHAPITRE VII.

Avantages qui réſultent des différentes Prononciations.

LES diverſes prononciations ſont très-propres à exprimer vivement certains bruits, ou certaines paſſions qu'elles ſe propoſent d'imiter ; elles peignent avec vigueur & énergie les plus grandes paſſions; elles ſçavent préſenter aux oreilles, aux eſprits & aux cœurs le tableau des paſſions les plus tendres & les plus aimables : elles ſont dans le Chant ce que les couleurs ſont dans la peinture: enfin, elles ſont la ſource d'une infinité de plaiſirs qui ont leurs racines dans l'imitation de la Nature.

CHAPITRE VIII.

Doute ſur les effets de la belle Prononciation, par rapport à l'harmonie de la Langue Françoiſe.

NOus avons juſqu'à preſent envisagé la prononciation dans le Chant, comme imitation, nous l'allons considérer sous les rapports qu'elle a avec l'harmonie de notre langue.

La plûpart de nos expressions sont terminées par des *e* muets, ou par des consonnes, dont quelques-unes sont nazales : il n'est pas possible que l'oreille n'en soit infiniment offensée. A l'aide de la prononciation ne pourroit-on pas corriger ces défauts, tirer un grand avantage des voyelles qui entrent dans la formation des mots, & par-là même ajouter beaucoup à l'harmonie de la Langue Françoise.

CHAPITRE IX.

Nouvelle Ortographe raiſonnée pour déſigner dans le Chant certaines Prononciations favorables à l'harmonie de notre Langue.

CE n'eſt qu'après bien des Obſervations & des Expériences qu'entraîné par le poids des raiſons les plus fortes, puiſées dans une étude profonde de notre langue, & tirées de la nature du Chant, & de celle du ſentiment, que je me ſuis hazardé à mettre au jour une nouvelle Ortographe. Heureux, ſi je pouvois perfectionner par-là un des Arts le plus enchanteur.

Comme la plus noble partie des

lettres qui composent l'alphabet, sont les voyelles; j'ai sur-tout réfléchi sur la manière d'en prononcer certaines, soit qu'elles soient placées devant & après les consonnes, au milieu ou à la fin des mots.

Je prescrirai des régles pour la prononciation de l'*e* muet, & de certaines syllabes; j'enseignerai comment il faut prononcer les voyelles devant les consonnes nazales, devant les palatalles mouillées, & dans les terminaisons masculines: les raisons qui m'ont conduit à la découverte de ces régles les précéderont.

L'*e* muet naturellement opposé à l'harmonie de notre langue, & par-là même au beau Chant, ne rend qu'un Son sourd: c'est pourquoi la Prosodie Françoiſe qui n'exige qu'une ſyllabe pour la rime maſculine, en exige deux pour la féminine : les Amateurs, & les gens à talens ne ſçauroient exécuter un agrément ſur l'*e* muet; auſſi la plûpart changent-ils en chantant l'*e* muet en *o*, ſorte de métamorphoſe ignoble, & qui ne peut que choquer les graces du Chant. On corrigera cet abus en prononçant dans tous les cas les *e* muets, comme la diphtongue *eu* de manière que l'*u* ne ſoit pas bien décidé, & qu'il ne ſoit qu'un demi *u*; exemples tirés de la Cantate d'Adonis (1).

Voulez-vous dans vos feux
Trouver des biens durableus,

(1) Les paroles ſont de Rouſſeau, & la Muſique de Bernier.

Soyez moins amoureux,
Deuveunez plus aimableus,
Queu leu ſoin de charmer
Soit vôtre unique affaireu,
Songez queu l'Art d'aimer
N'eſt queu ceului deu plaireu.

Cette découverte eſt d'autant plus belle qu'elle eſt plus ſimple; puiſque la prononciation de la diphtongue *eu*, n'eſt que la prononciation de l'*e* muet prolongée. Cette régle eſt une ſource d'où jailliſſent bien des agrémens.

La Muſique s'éléve quelquefois tout d'un coup, & d'autres fois par degrés des Sons les plus bas aux plus élevés. Auſſi elle a de ſa nature une eſpèce de mobilité qu'elle communique aux paroles, auxquelles elle eſt appliquée. C'eſt pourquoi l'on doit exagérer dans le Chant la prononciation en genéral,

& en particulier celle de certaines ſyllabes, lorſque de cette exagération il doit naître des Sons moëlleux & harmonieux. Ainſi il faut prononcer *ſoi*, *loi*, *Roi*, &c. comme s'il étoit écrit *ſoua*, *loua*, *Roua*, &c. (1) Des exemples répandront de nouveaux jours ſur cette matière ; on doit prononcer ſelon cette regle les vers ſuivans qu'un Prêtre d'Higie (2) adreſſe aux Romains accourus au Temple de cette Déeſſe, pour l'implorer en faveur d'Auguſte.

Vous n'avez pas beſoin d'invoquer la vict*oua*re,
Il la tient ſoumis à ſes l*oua*x,

(1) On m'objectera que j'ajoute une ſyllabe à ces mots : je réponds que cet inconvénient a lieu dans la prononciation ordinaire.

(1) Scène II. des Auguſtales, divertiſſement, les paroles ſont de M. Roi, la Muſique de MM. Rebel & Francœur.

Son bras des Souverains venge & ſoutient les drou*a*ts,
Sur ſes traces voIe la glou*a*re :
Minerve conduit ſes explou*a*ts,
Apollon s'eſt chargé du ſoin de ſa mémou*a*re.

Je vais donner des régles pour la prononciation des voyelles devant les conſonnes nazales, devant les palatalles mouillées, & dans toutes les terminaiſons maſculines.

Les voyelles rendent des Sons extrêmement ſimples, qui ſont preſque tous produits par les mouvemens du goſier : on doit les regarder comme les expreſſions de la Nature, auſſi ſont-elles communes à toutes les langues. On ne ſçauroit donc trop les faire ſentir dans le Chant, ſur-tout, lorſqu'il y a quelqu'agrément placé ſur elles :

elles : les régles ſuivantes coulent d'elles-mêmes du principe que nous venons de poſer.

PREMIERE RÉGLE.

Toutes les fois que la lettre *o* précéde une conſonne nazale, & qu'il faut exécuter quelqu'agrément ſur la ſyllabe ou cette première lettre ſe trouve, on doit faire tomber le repos non ſur la conſonne ou la ſyllabe, mais ſur l'*o* : obſervez qu'il doit être un peu obſcur ; je veux dire participer des conſonnes qui le ſuivent : il ne faut faire bien ſentir ces dernières, qu'en terminant l'agrément ou en quittant le Son.

Exemples pour les Roulades, les Sons ſoutenus ou enflés, & les Cadences.

Le Ciel (1), la Terre & l'O.... nde
Adorent l'Amour,
Sa flamme eſt le flambeau du mo.... nde.

Comme les *m* ſont des lettres nazales, quand il ſe trouvera un *o* devant ces premières, & qu'il y aura un agrément placé deſſus, on doit obſerver la régle précédente; ainſi il faut prononcer *o... mbre*, *trio.. .mphe*, mais dans la déclamation du récitatif, il faut prononcer à l'ordinaire comme s'il étoit écrit tri*ou*mphe, l'*ou*nde, &c.

SECONDE RÉGLE.

On doit prononcer, *moins*, *ſoins*,

(1) Fêtes de Polimnie.

loin, &c. comme s'il étoit écrit mo*uê*ns, ſo*uê*ns, lo*uê*n, &c. Lorſqu'il y a quelqu'agrément placé ſur ces monoſyllabes, il faut tellement ménager le repos ſur l'*e* ouvert, qu'il ſoit bien marqué. Des exemples rendront cette régle ſenſible.

Un tendre amour ne plaît pas mo*uê*... ns
   Lorſqu'il tourmente,
Plus un plaiſir coûte de ſo*uê*.... ns,
   Plus il enchante (1).

La régle précédente a encore lieu pour les voyelles placées devant les conſonnes palatalles mouillées, quand même il n'y auroit point d'agrémens à faire ſur les premières, comme dans ſommê.... il, parê.. il, &c.

(1) Amadis, Acte III. Scène V.

TROISIÉME RÉGLE.

Il faut ménager un repos ſur toutes les voyelles placées à la fin des mots, qui ont des terminaiſons maſculines : il ne faut faire ſentir dans la prononciation les conſonnes, qu'en finiſſant le Son des voyelles qui les précédent.

Exemples.

Le tendre Amour, dans les Cieux, ſur la te . . . rre
Toujours vainqueur, nous fait chérir ſes trai . . ts,
Tout, juſqu'au Dieu qui lance le Tonne . . . rre,
Fait ſon bonheur d'en goûter les attrai . . . ts,
Sa douce fla . . . mme
Fut toujours l'a . . . me
Des tendres ſoupi . . rs.
Ce Dieu rappe . . . lle
Nos premiers deſirs,
Ét renouve . . . lle
Nos derniers plaiſi . . . rs (1).

(1) Isbé, Acte I. Scène III.

On pourra avec bien des reſtrictions étendre l'application de mes Régles à la déclamation de la Chaire, du Bareau, & du Théatre : ce Chapitre contient des découvertes trop importantes pour ne point eſſuyer bien des critiques.

J'aurois envain appris à mes Lecteurs à donner dans le Chant de l'ame & de l'harmonie aux paroles, ſi je ne leur enſeignoit celui de les rendre bien ſenſibles aux oreilles par l'articulation.

CHAPITRE X.

Définition de l'Articulation.

L'ARTICULATION n'eſt que l'Art de bien faire ſentir en chantant les lettres & les ſyllabes de chaque mot, ou ce qui eſt le même, elle n'eſt que l'Art de finir avec une certaine force & préciſion les mouvemens des Organes qui donnent la génération des lettres : on peut dire en général qu'on ne doit point précipiter ces ſortes de mouvemens, mais leur donner le tems de ceſſer par des oſcillations inſenſibles : par ce moyen, les Sons ne ſeront point confondus, & les Chanteurs ne ſe fatigueront pas : car un mouvement fort lent comparé à un mouvement rapide, doit être regardé comme un repos.

Il me ſemble qu'il y a bien des différences à démêler entre l'articulation & la prononciation : l'une a pour objet la meſure des lettres & leurs qualités ; l'autre n'a pour objet que les lettres elles-mêmes ; l'une ſe propoſe de charmer les oreilles, & de peindre aux eſprits par des Sons heureuſement modifiés ; l'autre ne prétend offrir aux premières, que des Sons nets & diſtincts, forts ou foibles; auſſi ſon champ eſt moins vaſte.

CHAPITRE XI.

Régles générales sur l'Articulation.

L'ARTICULATION doit être exagérée dans le Chant pour les raiſons que nous avons expoſées dans les Chapitres précédens : de plus, elle doit être plus ou moins éxagérée dans certains cas, & il y a des régles ſûres pour déterminer ces degrés : elles ſont tirées de la diſtance où les Chanteurs ſont des Auditeurs : ſi l'on eſt à une grande diſtance de ces derniers, comme les Acteurs qui chantent au Théatre, l'articulation doit être conſiderablement exagerée ; ſi l'on eſt à une petite diſtance, comme ceux qui chantent dans les Concerts, l'on doit beaucoup moins exagérer ſon articulation; ſi l'on eſt près d'une perſonne pour qui l'on chante, il faut très-peu exagérer ſon articulation.

CHAPITRE XII.

Régle importante.

LES perſonnes émues par quelque paſſion, doublent, ou ce qui eſt le même, préparent ou retiennent ordinairement les lettres dans l'articulation, ſoit que le ſentiment veüille ſe peindre non-ſeulement dans chaque mot, dans chaque ſyllabe, mais encore dans chaque lettre: ſoit qu'il regne alors un certain trouble dans les Organes, qui fait que les mouvemens d'où résulte la prononciation des lettres, persevére trop long-tems, seul & vrai moyen de rendre deux fois le son d'une lettre.

Dans les passions violentes, il regne un trouble extrême & une grande agitation dans nos Organes : c'est pourquoi la continuation des mouvemens dont nous venons de parler, sera cause que les lettres seront alors doublées fortement : dans les passions tranquilles, il ne regne que peu de trouble dans nos Organes; aussi la persévérance de ces mêmes mouvemens fera que les lettres seront doublées foiblement. De ces principes, on peut déduire cette régle :

On doit doubler les lettres dans tous les endroits marqués au coin de la passion.

Cette régle admet bien des modifications : pour jouir de tous ses avantages, on doit réunir toutes les loix que j'ai prescrites sur la prononciation. Des exemples vont donner à cette matière un développement convenable.

Il est bon de prévenir que quand les Maîtres de Chant copient de la musique pour leurs Ecoliers, il seroit à propos qu'ils écrivissent deux fois les lettres qu'il faut retenir, ensorte que comme on verra plus bas, les secondes lettres fussent au-dessus des premières, & qu'elles fussent plus ou moins grandes, selon qu'on doit les doubler avec plus ou moins de force.

On ne ſçauroit trop s'attacher à doubler fortement les lettres, & à prononcer avec beaucoup de dureté & d'obſcurité dans l'endroit que nous allons rapporter de l'Opera d'Armide (1) : cette Princeſſe qui lutte vainement contre l'Amour, qui s'oppoſe aux projets de vengeance qu'elle a formés contre Renaud, appelle à ſon ſecours la Haine, qui ſe rend à ſes ordres & qui chante ces vers :

c l' l l d t
Plus on connoît l'amour, & plus on le déteſte :

r ſ p f
Détruiſons ſon pouvoir funeſte ;

r p n e ſ b
Rompons ſes nœuds, déchirons ſon bandeau,

r ſ r t f
Brulons ſes traits, éteignons ſon flambeau.

(1) Scène III. Acte III.

Il faut doubler les lettres foiblement, & ne se permettre qu'une prononciation douce & claire dans les vers que l'Amour adresse à Psyché, qui vient de lui peindre les embarras d'une flamme ingénue & naissante.

r c x r
J'éprouve comme vous un embarras extrême,
d v r n f c
De quelle vive ardeur ne suis-je pas touché?
c c d c
Que de choses à dire? & cependant, Psyché,
c d j q v
Cependant, je ne puis que dire, je vous aime.

La Musette pleine de finesse & de naturel que chante un Berger Egyptien dans les Fêtes de l'Hymen (1), & de l'Amour, demande qu'on double les lettres avec foiblesse, & qu'on prononce avec douceur & clarté.

(1) Scène VI. Acte II.

g f l'
Ma Bergere fuyoit l'amour,
m c m
Mais elle écoutoit ma muſette,
m c
Ma bouche diſcrette
l f
Pour ma flamme parfaite
n d d
N'oſoit demander du retour:
m g l'
Ma Bergere auroit craint l'amour,
m f l m
Mais je fis parler ma muſette,
ſ t c
Ses ſons plus tendres chaque jour
p m r d ſ
Lui peignoient mon ardeur ſecrette,
m c
Si ma bouche étoit muette,
m l ſ d
Mes yeux s'expliquoient ſans détour,
g c l'
Ma Bergére écouta l'amour,
c m
Croyant écouter ma muſette.

Je borne ici mes citations ; il me ſuffit de dire que la régle que j'ai établie s'étend preſqu'à tous les genres de Chant ; que dans l'Art de préparer différemment les lettres ſelon que les paſſions croiſſent ou varient, il y a bien des nuances & des différences à diſtinguer ; je me diſpenſerai de remarquer les unes, & de déterminer les autres : je me repoſerai de ce ſoin ſur la délicateſſe de ſentiment & ſur la ſagacité de mon Lecteur.

CHAPITRE XIII.

Utilité de la Régle précédente.

JE viens de mettre dans les mains des Maîtres de Chant les moyens d'animer les ſujets les plus inſenſibles, & de faire paſſer dans la bouche de ceux-ci des ſentimens qui ne ſçauroient être dans leur cœur.

J'ai réuſſi en faiſant pratiquer la Régle que j'ai preſcrite à donner dans le Chant des airs de haine & de déſeſpoir, à des gens faits pour les ignorer, à donner des airs d'amour à des perſonnes chez qui il n'avoit pas eu le tems de naître, enfin à donner à bien des gens les airs des paſſions qui étoient les plus étrangeres pour eux.

Il eſt étonnant qu'à Rome & à Athènes, où l'éloquence préſidoit aux affaires particulières & publiques, où elle armoit & déſarmoit les Citoyens, où elle déterminoit l'élection des Magiſtrats, & des Généraux d'armée; il eſt étonnant, dis-je, que dans les Villes où les eſprits avoient les plus puiſſans

puiſſans interêts de porter l'éloquence, & par-là même la déclamation, à ſon dernier période de perfection, on n'y ait point connu l'Art de doubler les lettres (1), Art qui eſt l'ame de la déclamation ainſi que du Chant.

CHAPITRE XIV.

Qu'on varie le jeu des Organes autant que l'exige la meſure & les qualités des lettres, & le caractère des paroles, & l'on pratiquera les Régles de la Prononciation & de l'Articulation conſidérée par rapport au Chant.

LE Chant n'étant, comme je l'ai déja obſervé, qu'une déclamation plus embellie que la déclamation

(1) Les Auteurs Latins & Grecs qui ont écrit ſur

ordinaire, on doit varier le jeu des Organes ſuivant que le demande la meſure des lettres, on comprend qu'il doit auſſi arriver du changement dans ce jeu, quand il faut donner aux lettres les qualités qui leur ſont propres. Comme la prononciation dans le Chant peut être enviſagée comme une eſpèce d'imitation des choſes dont les paroles ſont ſignes, elle doit varier ſelon le caractère de ces dernieres.

De plus, comme le Chant n'eſt, ainſi que je l'ai dit, que l'harmonie rendue ſenſible aux oreilles, l'objet de la prononciation qui lui eſt particulière n'eſt pas ſeulement de peindre

la déclamation, ne nous apprennent point que cette découverte eût été faite.

à l'eſprit, mais encore de flatter les oreilles : c'eſt pourquoi elle doit s'appliquer à donner de la ſubſtance à certaines ſyllabes qui rendent des Sons moëlleux & harmonieux.

Les voyelles étant pour toutes les langues une ſource d'harmonie, on ne ſçauroit trop les faire ſentir dans la prononciation ; de ce principe ſuivent bien des Régles particulières.

On obſerveroit envain toutes les régles que j'ai indiquées, ſi on négligeoit celle qui veut qu'on rende ſenſibles toutes les lettres, toutes les ſyllabes & tous les mots : cette derniere eſt du reſſort de l'articulation : elle preſcrit des mouvemens d'Organes, qui doivent être plus ou moins forts en proportion de la diſtance où les

Chanteurs ſont des Auditeurs : elle ordonne de plus, que ces mouvemens ſoient plus ou moins continués ſelon le caractère des paroles : cette derniere régle ne doit jamais avoir lieu, qu'on ne pratique en même-tems toutes les loix que j'ai établies ſur la prononciation : auſſi eſt-elle un reſſort capable de faire naître dans l'ame des Auditeurs toutes les paſſions. Si un Chanteur ſçait garder toutes les Régles dont je viens de faire mention, il n'eſt pas poſſible qu'il ne peigne vivement à l'ame les objets, qu'il ne flatte & qu'il ne frappe heureuſement les oreilles, & qu'ainſi il n'atteigne toutes les fins que ſe propoſent la prononciation & l'articulation.

TROISIÉME PARTIE.

La perfection du Chant.

DIVISION DE LA TROISIÉME PARTIE.

LA perfection de l'Art du Chant doit naturellement réunir toutes les branches de cet Art, ou plutôt elle n'eſt que la réunion de ces branches : comme pluſieurs d'entr'elles doivent naturellement avoir leur place en différens endroits de ce Traité ; je n'embraſſerai ici que les principales, telles que ſont la juſteſſe d'intonation, la liaiſon des Sons en général, l'uſage des Sons à caractère, les agrémens de l'action propre au Chant: enfin, je tracerai l'idée de la perfection de ce dernier, & je mettrai la Pratique près de la Théorie.

CHAPITRE PREMIER.

Comment est-ce que les personnes qui ont l'oreille paresseuse & même fausse, pourront parvenir à chanter avec une grande justesse d'intonation.

L'ART de faire monter ou descendre sa voix autant que le demandent les différens tons, n'est autre chose que la justesse d'intonation: on doit la regarder comme une des premières qualités du Chant, puisqu'elle conserve à la Musique son essence, qui consiste dans de certaines proportions ménagées entre les Sons graves & les Sons aigus.

Avoir l'oreille fausse, c'est se croire la qualité dont nous venons de parler, quoiqu'on en soit privé : on voit qu'il est de la nature de ce défaut de se cacher à ceux dans qui on le remarque ; c'est pourquoi on ne sçauroit s'en corriger par ses seules réflexions.

On doit avoir soin de chanter d'abord seul devant des Maîtres habiles, & après de se laisser conduire par leur Voix : on s'accoutumera à passer successivement des premiers tons aux derniers : on pourra dans la suite s'élever de la premiere notte à la tierce, à la sixte, &c. L'on pourra aussi descendre des tons les plus-hauts aux plus bas : il eſt eſſentiel de ſe faire conduire lorſqu'on exécute des agrémens, & ſur-tout lorſqu'il eſt queſtion de battre des cadences pour corriger le vice des martellemens trop hauts ou trop bas.

Par ces moyens, un Chanteur s'appercevra que l'excès de hauteur où ſa Voix monte, ou que ſon excès d'abaiſſement pour chaque ton eſt juſtement la meſure du faux de ſon oreille : il jugera des vrais degrés des tons par ceux que ſon Maître forme : enfin, ſon oreille s'accoutumera à n'en admettre que de convenables.

CHAPITRE II.

Quelle doit être la liaiſon des Sons en général.

IL y auroit bien des Obſervations à faire ſur la liaiſon des Sons : je me contenterai de dire qu'à meſure que les Sons ſont plus forts, leurs liens doivent l'être davantage, autrement ils ne ſeroient pas ſenſibles : qu'à proportion que les Sons ſont plus foibles, leurs liens doivent être plus minces, (ſi je puis m'exprimer de la ſorte,) ſans quoi ils ſeroient autant, ou même plus conſidérables que les Sons principaux, ce qui ſeroit contre la nature de ces premiers (1) : ces

(1) Voy Chap. VI. premiere Partie.

Régles ſont ſuſceptibles d'un grand nombre de modifications : elles doivent avoir lieu dans la prononciation pour la liaiſon des lettres, des ſyllabes & des mots.

CHAPITRE III.

Circonſtances où l'on doit faire uſage des Sons à caractère.

LE caractère des paroles doit décider l'uſage qu'on doit faire des Sons dont il s'agit : on doit ſuivre à cet égard les Régles que j'ai preſcrites pour les différentes eſpèces de prononciation dans la ſeconde Partie (1): ſi l'on ſçait faire avec diſcernement &

(1) Voy. Chap. VII.

goût l'application de ces Régles, on pourra réussir à rendre dans le Chant tous les degrés des passions & leur caractère particulier ; ainsi que celui des personnages qu'on représente, ensorte que les Auditeurs pourront juger par le seul son de la Voix, si c'est un Héros ou un Berger, un Roi ou un Sujet, Minerve ou Junon, Neptune ou Jupiter qui chantent : on renouvellera dans le Chant les prodiges opérés sur les anciens Théatres par les Pantomimes, qui, au rapport d'Appulée, (1) avoient porté si loin la perfection de leur Art, que dans une représentation du Jugement de Pâris, on distinguoit parfaitement les trois Déesses aux gestes & aux attitudes des Actrices qui les représentoient.

(1) App. Lib. 10. Métam.

CHAPITRE IV.

Nombre des Agrémens & leur nature.

LEs Maîtres de Chant ne ſçauroient trop faire remarquer à leurs Eléves les divers agrémens, & les définir avec trop de ſoin : les Ecoliers rendent avec bien plus de facilité & de préciſion les Sons qu'on a rendus ſenſibles à leur eſprit & à leurs oreilles, que ceux qu'on a rendus ſenſibles qu'à celles-ci : Dans le premier cas, la penſée & l'imitation dirigent les Organes : dans le ſecond, c'eſt l'imitation toute ſeule. Il eſt ſurprenant qu'on ne ſe ſoit point aviſé juſqu'ici de déterminer le nombre des agrémens, & d'en expliquer la nature.

J'ose réduire les agrémens principaux au nombre de douze ; à sçavoir à quatre cadences, à une demi-cadence ou coup de gorge, à deux ports de Voix, à un accent, à un coulé, à un flatté ou balancé, & à deux Sons filés (1) : je pourrois distinguer plusieurs autres agrémens, mais moins essentiels & arbitraires : j'aurai recours à l'analyse pour faire connoître ceux que je viens de nommer.

La Cadence en général.

La cadence en général est un agrément qui se fait selon le majeur ou le mineur ; par deux martellemens placés à la distance l'un de l'autre, d'un

(1) Sorte d'Agrémens qu'on n'avoit point encore distingués.

ton ou d'un demi-ton : je vais dériver de cette définition celle des autres cadences.

Cadence Appuyée.

La cadence appuyée se forme par un Son soutenu majeur ou mineur, au-dessus de celui sur lequel on la doit battre, qui est toujours une notte empruntée : il faut dans tous les mouvemens égaux, comme à deux ou à quatre tems, &c. tenir le Son d'appui, la moitié de la valeur de la notte sur laquelle on doit battre la cadence, & un tiers dans les mouvemens inégaux : on doit avoir soin de détacher par une petite secousse de gosier en dehors la cadence de son appui. Il faut ménager des martellemens lents

& bien égaux, & les presser un peu afin de la terminer, & la fermer en tombant sur la notte finale, avant que de prononcer la derniere syllabe.

Cadence Précipitée.

Jettez le premier martellement sur la notte où l'on doit battre cette cadence: celle-ci doit être plus précipitée que la cadence appuyée, d'ailleurs elle se termine comme cette derniere.

Cadence Molle.

La cadence molle n'a jamais d'appui; elle commence par des martellemens en-dedans battus très-lentement & mollement; ensorte que le Son paroisse même sortir un peu de la poitrine. On la termine en laiſſant mourir la Voix par gradation.

Double Cadence.

Il faut dans la double cadence ménager un repos ſur la notte ſur laquelle on la doit faire : les martellemens doivent être d'abord un peu lourds, & pointés, & enſuite moins lourds & non-pointés : on doit la terminer par des martellemens plus vifs ou plus rapides que ceux de la cadence précipitée, en ajoutant toute fois la notte qui tombe de quinte ſur la finale (1).

(1) On doit obſerver que cet Agrément ſe termine ainſi dans les morceaux de bas-deſſus, comme dans ceux de mêmes mouvemens de baſſe-taille, de haute-contre, &c. Quand la double cadence ſe trouve dans le cours du Chant, on la finit ſans tomber ſur la quinte, & l'on en retranche les premiers martellemens lourds.

La

La Demi-Cadence ou le Coup de Gorge.

On commence la demi-cadence par un appui qui eſt toujours une notte d'emprunt ; on enfle, & puis on diminue le ſon au-deſſus de la notte où l'on doit former la demi-cadence, on y ménage des demi-martellemens qui conſtituent l'eſſence de cet agrément. On le termine quelquefois comme la cadence appuyée, mais avec beaucoup plus de douceur.

Port de Voix Entier.

Dans le port de Voix entier, les deux premières nottes ſont ſur le même degré, & la ſeconde eſt toujours une notte empruntée. On ne doit jamais oublier de finir le port de Voix entier par une notte plus élevée, qui doit être liée à la précédente par degrés conjoints : il faut soutenir, & même enfler plus ou moins le Son sur la derniere, selon le caractère du Chant.

Port de Voix Feint.

Le port de Voix feint se fait de la même manière que le port de Voix entier, avec ces différences qu'on soutient & qu'on enfle le Son sur la pénultiéme notte, qui est toujours une notte d'agrément, & qu'on escamotte moëlleusement (si je puis m'exprimer ainsi) la derniere qu'on doit regarder comme notte essentielle.

L'Accent.

L'accent eſt une petite infléxion de Voix qu'on fait du goſier, en careſſant & manièrant la notte empruntée qui eſt au-deſſus du Son qu'on a ſoutenu ou filé.

Le Coulé.

Pour former le coulé, il faut deſcendre par degrés conjoints, & ménager une petite infléxion de Voix très-douce.

Le Flatté ou le Balancé.

Le flatté exige une infléxion de Voix preſqu'inſenſible : il exige de plus qu'on joigne très-rapidement deux nottes de bas en haut, en manièrant un peu le Son. On peut regarder cet agrément comme un quart de port de Voix.

Son Filé entier.

Le Son filé entier eſt un Son continué ſur le même degré : on le commence doux & en dedans, on l'étend juſqu'à ſon dernier période de volume, ſans cependant le crier ou le forcer : on le ramene enſuite inſenſiblement au point de douceur, d'où l'on étoit parti.

Son Demi-filé.

On doit conſidérer le Son demi-filé comme la moitié du Son filé entier. Ce premier s'éleve par degrés à ſon dernier période de volume, où il finit : ce période varie ſuivant le caractère du Chant.

CHAPITRE V.

Génération des Agrémens.

IL ſeroit infiniment à deſirer qu'il fût poſſible de déterminer les mouvemens d'Organes qui donnent la génération des agrémens : une pareille analyſe ſeroit d'un grand ſecours, pour rendre ces derniers avec une rare préciſion ; elle donneroit un heureux développement au ſyſtême que j'ai embraſſé ſur la formation de la Voix : je ne craindrai point de tenter cette entrepriſe.

Avant que de l'exécuter, il convient de rappeller à mon Lecteur quelques principes que j'ai établis dans les Chapitres VI. & VII. de la premiere Partie de ce Traité, à sçavoir. 1°. *Que les divers degrés du mouvement du Larinx en haut ou en bas, sont signes des différens degrés de tension ou de relâchement des cordes vocales.* 2°. *Que la force ou la foiblesse de l'expiration sont le principal ressort d'où naissent les Sons forts ou foibles.* Il faut de plus remarquer que les agrémens ne sont qu'un certain assemblage des Sons aigus ou graves, forts ou foibles. Ces principes une fois posés, j'en vais déduire la génération des agrémens.

Cadence appuyée.

Dans la cadence appuyée, il faut faire monter le Larinx d'un degré ou d'un demi-degré ; on doit ménager ſon expiration de manière qu'elle acquierre ſucceſſivement des forces égales : ainſi les lèvres de la glotte ſeront plus tendues d'un degré ou d'un demi-degré, & par conſéquent le Son ſera plus aigu en même proportion : de plus, les rubans ſonores ſeront réduits à des vibrations qui deviendront plus profondes par degrés, & la force du Son augmentera par progreſſions arithmétiques.

Dans les mouvemens égaux, la durée de l'expiration ſur le point d'appui, doit répondre préciſément à la moitié de la valeur de la notte, & au tiers dans les mouvemens inégaux. C'eſt pourquoi le Son ſera plus ou moins filé dans ces différens cas.

On aura ſoin de détacher la cadence de ſon appui par une petite ſecouſſe de goſier en dehors, d'abaiſſer, & d'élever alternativement le Larinx d'un degré, & d'expirer peu de tems pour chaque martellement : il arrivera que les cordes vocales paſſeront à divers états de tenſion & de relâchement, & que le Son s'élevera ſucceſſivement du grave à l'aigu : comme les mêmes oſcillations ſeront peu continuées, les Sons ſe ſuccederont rapidement les uns aux autres, enſuite on expirera pendant un tems un peu conſidérable & égal ſur les différens points d'élévation & d'abaiſſement du Larinx, & les martellemens ſeront lents & bien égaux : on abrégera par degrés la durée de ſon expiration, &

les martellemens deviendront plus rapides : enfin, on fera deſcendre le Larinx d'un degré, on expirera comme à deux tems, d'abord avec une certaine douceur, & après avec un peu de force, de ſorte qu'une molle expiration aye cependant lieu dans l'intervalle des Sons : on voit qu'ils ſeront plus graves que les précédens, qu'ils ſeront liés, & que le pénultiéme aura moins de force que le dernier.

Cadence Précipitée.

La cadence précipitée demande qu'on faſſe monter & deſcendre ſucceſſivement le Larinx d'un degré, & qu'on expire moins de tems pour les martellemens à meſure qu'on approche des derniers : on comprend que la ſucceſſion des Sons deviendra continuellement plus précipitée ; on doit terminer cet agrément comme le précédent.

Cadence Molle.

L'élévation & l'abaiſſement alternatif du Larinx doivent avoir lieu : il faut de plus expirer long-tems & mollement pour chaque Son, & les retenir dans la bouche : ainſi les martellemens ſeront battus avec douceur & lentement : le Son ſera un peu étouffé, & paroîtra même ſortir un peu de la poitrine : à la fin de cet agrément, l'expiration doit devenir ſucceſſivement plus foible d'un degré : les lèvres de la glotte ſeront déterminées à des oſcillations, à des demi-oſcillations, & à des frémiſſemens inſenſibles, & la Voix mourra par degrés.

Double Cadence.

Expirez quelque tems & avec le même degré de force, le Larinx demeurant immobile; par-là vous formerez un Son continué, & vous menagerez un repos: vous ferez enſuite monter & deſcendre alternativement le Larinx d'un degré; ayez ſoin que votre expiration ſur les Sons ſoit forte, bruſque & continuée quelquetems: on comprend que les vibrations ſeront profondes, un peu interrompues, & qu'elles auront de plus une certaine durée, & que par ce moyen les martellemens ſeront lourds: n'expirez point dans leur intervalle, & ils ſeront pointés : vous abregerez enſuite la durée de l'expiration pour les divers Sons : vous diminuerez ſa force d'un degré à chaque inſtant, & les martellemens deviendront plus rapides : vous expirerez quelque-tems là où vous aurez fini le dernier, vous abaiſſerez le Larinx de cinq degrés, & vous expirerez auſſi pendant un peu de tems à ce dernier terme.

La Demi-Cadence ou le Coup de gorge.

La demi cadence exige qu'on éleve le Larinx d'un degré & que l'expiration ſe faſſe, de ſorte qu'elle devienne plus forte, & enſuite plus foible par degrés : ainſi les oſcillations des rubans ſonores acquerront, & enſuite perdront l'étendue, & la force du Son croîtra & puis diminuera à proportion : pour terminer cet agrément il faut menager avec le ſecours de mes principes deux ou trois demi-martellemens : il eſt à propos de remarquer que le coup de gorge ſe termine quelquefois comme la cadence appuyée ; mais avec beaucoup plus de douceur.

Port de Voix entier.

On doit avoir ſoin de fixer le Larinx au même degré de hauteur ou d'abaiſſement pendant les deux premières nottes : par ce moyen, les cordes vocales ſeront également tendues, & les Sons également aigus ou graves : il faut à la fin de la ſeconde notte faire monter le Larinx d'un degré, & expirer avec une certaine douceur dans l'intervalle de ces deux nottes; d'où il arrivera 1°. Que les rubans ſonores ſeront plus tendus d'un degré, & que par conſéquent le Son ſera plus aigu d'un degré: 2°. Que dans l'intervalle de ces deux nottes, les lèvres de la glotte ſeront déterminées à des oſcillations moindres que les précédentes, & que par-là ces deux nottes ſeront liées l'une à l'autre: on doit menager ſur la derniere ſon expiration, enſorte que la force de celle-ci croiſſe par degrés: ainſi les vibrations des cordes vocales deviendront plus profondes par degrés, & le Son acquerra ſucceſſivement de nouveaux degrés de force.

Port de Voix feint

Tenez, comme dans l'agrément précédent, le Larinx dans un état de repos pendant les deux premières nottes : expirez ſur la ſeconde, de manière que la vîteſſe de l'air intérieur croiſſe par degrés : quand le Son aura atteint ſon dernier période de volume, vous éleverez le Larinx d'un degré en menageant une douce inſpiration, pour joindre la pénultiéme à la derniere notte : vous expirerez mollement ſur celle-ci, pour que les rubans ſonores ſoient réduits à des vibrations preſqu'inſenſibles, & que le Son ſoit manièré.

L'Accent.

L'accent demande qu'après avoir

ſoutenu ou enflé le Son, l'on faſſe monter le Larinx d'un degré ou d'un demi-degré, & qu'on faſſe ſortir l'air intérieur par les lèvres de la glotte avec une douceur extrême, afin de careſſer le Son de la derniere notte.

Le Coulé.

Dans le coulé, on doit abaiſſer le Larinx d'un degré : il faut expirer doucement dans l'intervalle des deux nottes, & un peu mollement ſur la dernière.

Le Flatté ou le Balancé.

Après avoir rendu la notte principale, ayez ſoin de faire monter le Larinx d'un quart de degré, & expirez mollement dans l'intervalle des deux nottes.

Sons Filés.

Le Larinx doit demeurer au même degré de hauteur ou d'abaissement, pendant qu'on forme les agrémens : il faut que dans le Son filé entier, l'air intérieur acquierre à chaque instant un nouveau degré de vîtesse : par-là, 1°. Les rubans sonores seront également tendus, & le ton ne pourra pas changer ; 2°. Les vibrations deviendront plus profondes par degrés, & le Son parviendra à son période de volume : quand il l'aura atteint, on aura soin d'expirer de manière que l'air intérieur perde successivement un degré de vîtesse : c'est pourquoi l'étendue des vibrations diminuera successivement, & l'on raménera le Son à ſon premier point de douceur. Il ne faut pratiquer pour le Son demi-filé que la moitié des Régles que je viens de donner.

Quoique je n'aye pas fait mention dans le Chapitre précédent de la roulade, ſoit parce qu'elle n'eſt point aſſujettie à des régles ſûres; ſoit parce qu'elle eſt déſignée par des nottes, & que je n'ai prétendu diſtinguer & définir que les divers agrémens qu'on peut repréſenter par un ſeul ſigne: comme cependant la roulade eſt d'uſage dans notre Chant, & qu'elle y répand bien des graces, j'en donnerai la génération.

La Roulade.

Dans la roulade, la voix monte

par degrés juſqu'à une certaine hauteur : ou bien elle deſcend juſqu'à une certaine profondeur : dans le premier cas, on élévera le Larinx d'un degré ou d'un demi degré à chaque inſtant : dans le ſecond cas, on l'abaiſſera au contraire d'un degré ou d'un demi degré ſucceſſivement : on comprend que dans ces diverſes ſuppoſitions, les cordes vocales ſeront plus ou moins tendues, & que par conſéquent leurs vibrations ſeront plus ou moins rapides, & donneront des Sons plus ou moins aigus que les derniers d'un degré ou d'un demi degré, ſorte de Sons qui compoſent la roulade.

CHAPITRE VI.

Régle générale pour tous les Agrémens.

C'EST ſur-tout au caractère des paroles de décider la durée, l'énergie ou la douceur, la vivacité ou la lenteur de tous les différens agrémens.

CHAPITRE VII.

Avantage des Agrémens bien exécutés.

LES agrémens bien exécutés ſont dans le Chant, ce que les figures habilement employées ſont dans l'Eloquence : c'eſt par elles qu'un grand Orateur remue à ſon gré les cœurs, les pouſſe là où il veut, & qu'il y jette ſucceſſivement toutes les paſſions : les agrémens produiſent les mêmes effets dans le Chant. Pour peu qu'on réfléchiſſe ſur leurs différens caractères de force, d'énergie, de douceur, d'amœnité & de tendreſſe, on ſera forcé de convenir que dans la bouche d'un bon Chanteur, ils ſont très-propres à affecter puiſſamment l'ame, qu'ôter au Chant ſes agrémens, ce ſeroit lui ôter la plus belle partie de ſon Etre.

J'appelle de la vérité des réflexions que je viens de faire au jugement du ſens intime : lorſque les agrémens ſont parfaitement éxécutés, ils ſemblent emprunter des Organes & de l'Art de ceux qui chantent, un caractère d'harmonie & de paſſion : l'oreille eſt délicieuſement flattée, & le cœur violemment émû eſt entraîné dans des paſſions différentes, ou bien il paſſe à divers degrés de la même paſſion.

Que ces mêmes agrémens ſoient rendus par des Artiſtes médiocres, l'oreille en eſt offenſée, & le cœur n'en eſt point touché. C'eſt que dans ce dernier cas, les agrémens perdent une partie de leur vie, & toutes leurs graces dans la bouche des mauvais Chanteurs; au lieu que dans le premier cas ils étoient préſentés tout entiers, & avec toutes les qualités qui leur ſont propres : il eſt reſervé aux eſprits fins & au ſentiment délicat, de démêler les nuances, dont je viens de parler : c'eſt pourquoi l'on auroit tort de définir un bon Chanteur, *un Etre qui a des poumons, un goſier, une bouche, & des oreilles bien organiſées.* Il faut de plus qu'il penſe & qu'il ſente.

CHAPITRE VIII.

Qu'il ſeroit à ſouhaiter qu'on pût inventer des Signes pour repréſenter les divers Agrémens.

LA poſſibilité des ſignes dont il s'agit, ſeroit à deſirer, ſoit à cauſe des inconvéniens auxquels on pareroit, ſoit à cauſe des avantages qui en réſulteroient.

C'eſt d'abord un grand inconvénient, que de n'avoir que trois ſignes pour douze agrémens que j'ai diſtingués : on déſigne par cette ſeule croix x quatre cadences, on exprime par ce trait *μω* la demi cadence; on repréſente les deux ports de Voix & le coulé par cette notte *l* : on n'a point de ſigne pour l'accent, le flatté ou balancé, & les Sons filés entiers & demi-filés.

Manquer de ſignes, eſt un inconvénient qui en doit entraîner bien d'autres. Il doit naturellement arriver que des perſonnes peu intelligentes ne ſçachent point démêler des agrémens divers, repréſentés par le même ſigne, qu'elles ſe trompent au choix, qu'elles les aſſortiſſent mal aux paroles, ce qui ne peut que déparer les plus beaux Vers & la Musique la plus parfaite : il doit aussi arriver qu'on omette des agrémens, qui ne sont annoncés par aucun signe.

De plus, le nombre des signes étant insuffisant, les graces les plus séduisantes du Chant ne sçauroient passer sur le papier à l'aide de l'impression : aussi les agrémens qu'on avoit admirés dans l'exécution des plus beaux morceaux de Musique, ne sont guères connus que de quelques excellens Chanteurs, & sont perdus pour les gens de la Capitale qui ne fréquentent point les Spectacles, pour les Provinces, pour les Etrangers, & pour les siécles à venir.

Rendre les méprises impossibles par rapport au choix des agrémens, conſerver tous ces derniers, faire paſſer dans les mains du Public François & dans celles des Etrangers, toutes les graces de notre Chant, dans un tems où la Muſique vocale eſt un de nos principaux amuſemens, dans un tems où nos chanſons ont circulé dans toute l'Europe; imprimer un caractère d'immortalité à des agrémens, tous les jours expoſés à périr avec quelques fameux Chanteurs, ſeroit peut-être faire une découverte digne d'un Citoyen, qui s'efforce de multiplier les plaiſirs de la Patrie.

La poſſibilité des ſignes des agrémens ſeroit donc à déſirer, ſoit à cauſe des inconvéniens auxquels on pareroit, ſoit à cauſe des avantages qui en réſulteroient.

CHAPITRE IX.

Signes des Agrémens.

ON ne peut trop donner de variété à des ſignes deſtinés à repréſenter les agrémens : il ne faut donner à ces premiers qu'une juſte étendue, afin qu'ils n'occupent pas un trop grand eſpace ſur le papier, vû qu'il ſera néceſſaire d'en placer quelquefois pluſieurs ſur une même notte : on ne doit en imaginer que d'extrêmement ſimples, pour que les Copiſtes puiſſent aiſément les tracer.

Les deux dernieres raiſons que je viens d'indiquer, ſont cauſe que je n'ai pas cherché des ſignes analogues aux agrémens, c'eſt-à-dire qui exprimaſſent les divers mouvemens du Son en haut, ou en bas qui ont lieu dans les agrémens ; ces ſortes de ſignes euſſent d'abord paru plus philoſophiques, mais l'euſſent moins été dans le fonds.

J'ai été réduit à en employer d'arbitraires : j'ai eu recours à quelques lettres Grecques & Hébraïques : qu'on ne s'allarme point à ces noms. Je n'ai emprunté ces ſignes, que parce qu'ils m'ont paru peu compoſés ; preſque tous les autres ſont de mon invention : j'ai pris l'Epſilon ε. le Pſi Ψ, & le Tau τ des Grecs, le Caph כ & le Daleph ד des Hébreux.

Ce ſera aux yeux de mes Lecteurs à juger ſi mes ſignes ont un caractère d'étendue, de varieté & de ſimplicité convenables.

SIGNES POUR LES AGRÉMENS.

Pour la Cadence Appuyée.

♆.

Pour la Cadence précipitée ou jettée.

X.

Pour la Cadence Molle.

✠.

Pour la Double-Cadence.

✶.

Pour la Demi-Cadence ou le Coup de Gorge.

∾.

Pour le Port de Voix Entier (1).

V.

(1) Comme on ne fait jamais un port de Voix entier, non plus qu'une Cadence appuyée par degrés conjoints en montant, sans préparer ces agrémens par un Flatté, on doit se dispenser de marquer ce dernier dans l'un & l'autre cas.

Pour le Port de Voix Feint.

^.

Pour l'Accent.

T.

Pour le Coulé.

l.

Pour le Flatté ou Balancé.

ε.

Pour le Son Filé Entier.

ב.

Pour le Son Demi-Filé.

ד.

CHAPITRE X.

De l'Action propre au Chant.

L'ACTION en général, telle qu'on doit l'entendre ici, est l'Art de peindre les idées & le sentiment des gestes, par tout le maintien du corps, & sur-tout par l'air du visage. L'action dont il s'agit, est le même art appliqué aux paroles mises en Musique, aussi le jeu des Acteurs qui chantent, doit varier autant que ces dernières, c'est-à-dire à l'infini. Leurs gestes doivent être quelquefois terribles, d'autrefois ils ne doivent s'en permettre que d'agréables, ils doivent faire briller tantôt des graces fières, tantôt des graces ingénues, tantôt des graces sérieuses, tantôt des graces enjouées, tantôt des graces vives & piquantes, & tantôt des graces négligées & tendres.

Le caractère des personnes & les circonstances où elles se trouvent, doivent encore décider la nature des gestes dont on doit faire usage.

Si Hercule, devenu la victime de la jalouse vengeance de Déjanire, exprime en chantant sa rage & ses douleurs, que le Son de sa Voix soit dur & entrecoupé, que ses sourcils soient menaçans, que ses yeux étincellent, qu'on y lise sa fureur contre Déjanire, sa passion pour Iole, & les effroyables douleurs causées par les flammes secrettes qui le dévorent; que l'air féroce & terrible de sa phisionomie,

que

que les mouvemens mâles & violens de ſes membres ; enfin, que toute ſa perſonne préſente aux yeux épouvantés Alcide furieux.

Si Paris Berger chante, & qu'il faſſe le premier aveu de ſes feux à la Nymphe Œnone ; ſon maintien doit avoir quelque choſe de naïf & de fin, de ſimple & de noble, d'empreſſé & de timide : il faut que l'amour & le reſpect, le déſir & l'inquiétude, l'eſpoir & la crainte ſe peignent dans ſes regards, ſur ſon viſage, & dans ſes manières qui doivent faire deviner que c'eſt un Berger Prince qui aime une Nymphe. Tout le monde comprend que le jeu d'un Chanteur doit être exageré au Théatre, & qu'il doit être beaucoup moins animé par tout ailleurs. On comprend auſſi que ce même jeu doit être beaucoup moins chargé que celui d'un ſimple Déclamateur : c'eſt que l'on inſiſte davantage ſur les penſées & les ſentimens, dans le Chant, que dans la déclamation ordinaire de la Tragédie ou de la Comédie.

Les différences de tempérament, d'âge & de dignité, produiſent des changemens ſans nombre dans le caractère des perſonnes : de plus, les circonſtances peuvent varier à chaque inſtant : on voit qu'un champ ſans bornes s'ouvre à mes réflexions, mais comme les Auteurs Grecs & Latins qui ont traité de cette matière, ne nous ont rien laiſſé à penſer & à imaginer, il me doit ſuffire d'avoir indique quelques-uns de leurs principes les plus importans.

CHAPITRE XI.

Qu'on peut réduire l'art principal du Chant à celui de chanter avec une grande justesse d'intonation, de lier les Sons les uns aux autres, de faire usage des Sons à caractère, de bien exécuter les agrémens, & de plier son action au Chant.

ON doit regarder comme Art principal du Chant, celui qui conduit le plus sûrement à la fin que celui-ci se propose, qui est de peindre.

On ne sçauroit ménager aux soins leurs degrés de grave & d'aigu, sans conſerver au Chant des qualités qui tiennent d'auſſi près à ſon eſſence, que les proportions tiennent à celle de la Peinture.

Lier les Sons les uns aux autres, en former un tout, fixer leur mobilité, & leur donner pour ainſi dire de la ſubſtance, approche fort de l'Art d'unir pluſieurs couleurs, enſorte qu'il en réſulte un bel enſemble : un Chanteur qui ſçait habilement employer les Sons violens, entrecoupés, majeſtueux & étouffés, ou les Sons légers, tendres & manièrés, & exprimer ainſi toutes les paſſions, toutes leurs différences, tous leurs degrés & toutes leurs nuances, a droit de prétendre à la même réputation, qu'un Peintre qui excelle dans le coloris & dans l'expreſſion ; ſi ce premier ſçait démêler les agrémens, s'il en connoît à fonds la nature, s'il les ſçait bien exécuter & à propos, & leur donner la force & l'énergie, la douceur & l'amœnité qu'exigent leur nature, & les endroits où ils ſont placés, ils ſeront pour lui des moyens ſûrs de produire de violens effets dans l'ame des Auditeurs. Enfin, ſi ce même Chanteur réunit toutes les qualités dont nous avons parlé, il partagera la gloire d'un Peintre qui embraſſe les principales branches de ſon Art, & qui les voit fleurir dans ſes mains. On pourroit dire de l'action propre au Chant tout ce que je viens de dire des Sons : la fin des uns & de l'autre eſt la même ; ce n'eſt que la manière d'y tendre qui eſt différente.

CHAPITRE XII. ET DERNIER.

Idée de la perfection du Chant. Application de la Théorie à la Pratique.

ON ne ſçauroit atteindre à la perfection du Chant, ſi l'on n'embraſſe pas des idées ſyſtématiques tous mes principes & tous leurs corollaires : on ne ſçauroit donc trop s'accoûtumer à ſaiſir d'un coup d'œil toutes les régles, & à en deviner toutes les applications poſſibles ; à remonter juſqu'à l'origine de la Voix, à en dériver toutes les eſpèces de Sons ; à ſe former des Régles ſûres pour la prononciation envisagée comme principe d'imitation, ou bien comme principe d'harmonie, & à assortir aux divers caractères du Chant les tons de l'articulation, la justesse d'intonation, l'Art de lier les Sons & d'en faire usage, le secret de peindre aux yeux par des gestes ce qu'on peint aux oreilles & à l'esprit, doivent être regardés comme autant de degrés par où on peut s'élever à la perfection du Chant.

Les Amateurs ne sçauroient trop approfondir les Principes semés dans le cours de cet Ouvrage : il est très-important que les Maîtres de Chant s'en rendent l'usage familier, ils doivent remonter dans leurs leçons jusqu'aux racines & aux élémens de leur

Art, & ne pas ſe contenter de crier inutilement, *allez, ferme, pouſſez, plus haut, plus bas, fort, doux, ouvrez bien la bouche*, &c. Ils doivent rendre ſenſibles les préceptes : c'eſt pourquoi, il eſt abſolument néceſſaire qu'ils ayent de la Voix pour diriger celle de leurs Ecoliers, afin de leur apprendre à exécuter avec aiſance tous les différens agrémens, & ſurtout afin de les corriger de la pareſſe d'oreille : ils pourront par ces moyens prétendre aux plus brillans ſuccès ; je ne crains point de leur faire cette prédiction après bien des expériences qui l'autoriſent.

Il m'eſt tombé entre les mains des Etrangers de différentes nations, & des plus mal organiſés qu'il ſe puiſſe, j'ose dire qu'avec le double secours de l'exemple & du précepte, j'ai réussi à les faire chanter dans notre langue avec tant de précision, & même d'agrémens, que personne ne se fût avisé de les soupçonner étrangers.

Puissent les réflexions que j'ai hazardées, exciter tous les Chanteurs à réfléchir sérieusement sur l'Art du Chant! puissent-ils arriver au degré de perfection où s'étoit élevé la Musique instrumentale des Grecs (1), qui allumoit dans les cœurs de ceux-ci toutes les passions, qui faisoit passer successivement le courage, la fureur & la modération dans l'ame des combattans, & qui pour dire plus que tout cela, armoit & désarmoit

(1) Patricius, de la République, L. II. Tr. II.

à ſon gré Alexandre (1) : pour prétendre à des ſuccès ſi merveilleux, on ne ſçauroit trop s'attacher à pratiquer toutes les Régles ſemées dans le cours de cet Ouvrage : c'eſt pourquoi il ne ſera pas hors de propos de rapprocher la théorie de la pratique, je veux dire de rapporter ici des morceaux de tous les genres de Chant, & d'indiquer briévement & d'une manière générale, dans quel goût ils doivent être chantés ſelon les principes que j'ai établis.

(1) Plutarque, dans le Traité de la fortune d'Alexandre.

FIN.

TABLE DE L'OUVRAGE.

PREMIÉRE PARTIE.

La Voix considerée par rapport au Chant.

CHAPITRE PREMIER.

CHAPITRE II.

CHAPITRE III.

CHAPITRE IV.

CHAPITRE V.

CHAPITRE VI.

CHAPITRE VIII.

CHAPITRE IX.

CHAPITRE X.

SECONDE PARTIE.

La Prononciation & l'Articulation envisagées eu égard au Chant.

CHAPITRE PREMIER.

CHAPITRE IX.

CHAPITRE X.

CHAPITRE XI.

CHAPITRE XII.

CHAPITRE XIII.

CHAPITRE XIV.

TROISIÉME PARTIE.

La Perfection du Chant.

DE L'OUVRAGE

CHAPITRE I.

CHAPITRE II.

CHAPITRE III.

CHAPITRE IV.

CHAPITRE V.

CHAPITRE VI.

CHAPITRE VII.

CHAPITRE VIII.

TABLE DE L'OUVRAGE.

Fin de la Table.

Pour Les Sons Majestueux I

Rendés l'air interieur de maniere que Sa force Croisse Succecivement pour chaque Son; menagés Certains dégrés d'obscurité et de lenteur dans votre prononciation et dans votre articulation.

cleus pompeux: Théatreu deu ma glouare où
regneu l'harmoni eu Neu reçeuvés des
Louax queu deu mon Seul génieu Neu reuce
vés des Louax queu deu mon Seul géni eu
Jattendris par mes So..ns, mes pleurs et
mes Soupirs Jattendris par mes So..ns, mes
pleurs, et mes Soupirs mes tragiqueus dou=

leurs forment les vrais plésirs: Théatreu &c.

Même genre du morceau précédent.

Air des Elémens

Les tems Sont arrivez, cessez

tristes Cahos, Paroissez, Élemens Dieux,

allez leur prescrire le mouvement et le re-

-pos, tenez les renfermez Chacun dans

Son Empi-re Coulez O = ndes Cou-

lez Volez, volez rapides feux,
volez volez rapides feux,
Voile azure des Airs, Embrassez la na=
ture, Terre, Enfante des fruits, Couvre
toi de Ver = dure, Naissez mor=
=tels pour obeir aux Dieux

Pour les Sons Violens.

Il faut faire Sortir avec une extrême rapidité l'air intérieur, prononcer d'une maniere dure et obscure, et doubler assés fortement les Lettres.

Quel Eclat de tonner . . . . re ! Quels A -
- bimeu profonds Sous mes pas Sont ou -
- verts ! Queu deu Phantosmeu vains Sont Sor
tis des Enfers Sangarideu, Ah ! fuyez la
mort que vous prépareu, Uneu Divinité bar =
= bareu, C'est votreu Seul péril qui cause
ma ter - - reur. Quel monstreu vient à

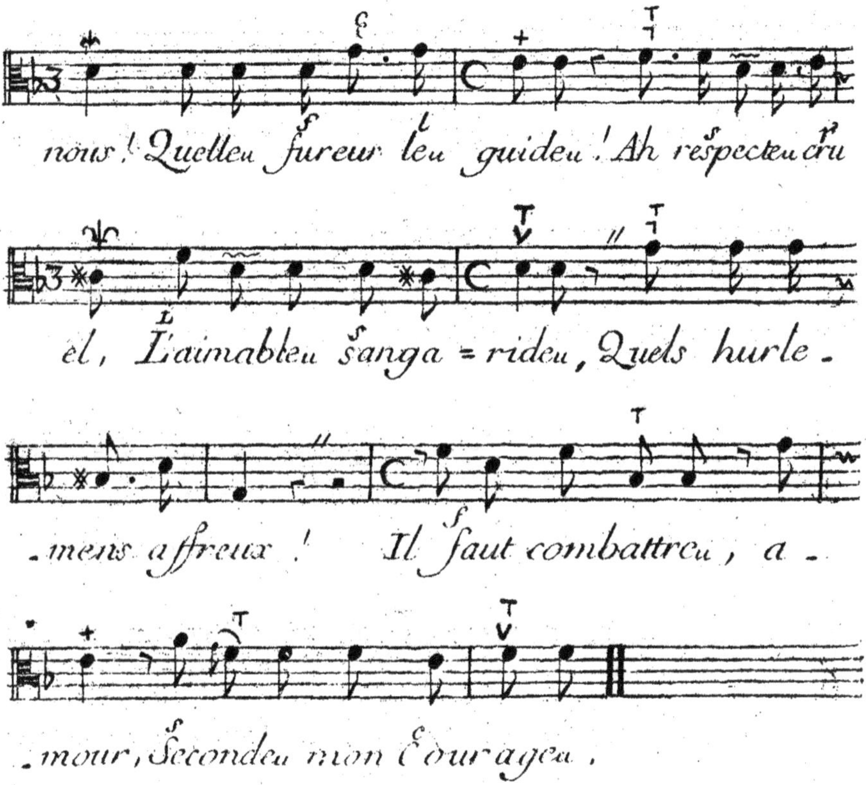

nous! Quelle fureur le guide! Ah respecte cru

el, L'aimable sanga=ride, Quels hurle-

-mens affreux! Il faut combattre, a-

-mour, Seconde mon Courage.

Pour les sons etouffés.

On doit expirer quelque temps pour chaque son, prononcer avec obscurité, et doubler mollement les lettres

Monologue de Castor et Polux.

Tristes apprets, pales flambeaux,

Jour plus affreux que les ténébres, Astres lu=

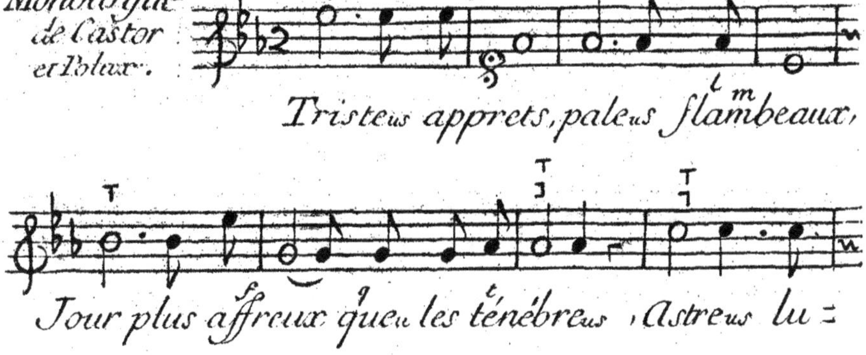

gubreus des tombeaux, Astreus lugubreus des tom=
= beaux, Non..n jeu ne verrai plus queu vos clar=
= tés fu=nébreus, Non..n, non..n. Jeu neu verrai
plus queu vos clartés fu-né-breus, Toius qui vouasmon
cœur éperdu, Pereu du jour, O Soleil! O mon Pereu,
jeu neu veux plus d'un bien queu Castor a perdu,
Et jeu renonce a ta lumiéreu. Tristeus apprêts...
Fin

Même genre du morceau précédent
Monologue de Tancrede.
Sombres Forets, azile redou -
- table vous que l'Astre du jour ne pénetra ja
- mais Cest assés vous troubler de mes tristes re
- grets, Je vais finir mon destin déplora ble,
Je ne reverrai plus l'objet de mon amour,
Mon ennemi me tient en Sapuis-sance,
Guerrier Sans gloi-re, Amant Sans espé

:rance , Mon Seul desir est de perdre le
: jour. Sombres Forets . . .
Même genre du morceau précédent.
Monologne
de
Dardanus.
Lieux funestes ou tout respire la
: honte et la douleur du désespouar Sombre et Cru:
: el cmpire l'horreur que votre aspect inspire
est le moindre des meaux qui déchirent mon
: cœur. l'horreur que votre aspect inspire est le

moindre des maux qui déchirent mon cœur.
l'Objet de tant d'amour, la beau té qui m'en
gage le Scéptre que je perds, ce prix de mes tra
vaux, tout va de mon rival de venir le par
tage, tandis que dans les fers je n'ai
que mon courage qui resiste a peine a mes
maux Lieux funestes &c.

Même genre du morceau précédent
Monologue de Jéphté
Mes yeux, éteignez dans vos
larmes des feux qui dans mon cœur, S'allument
malgré moy : Mes yeux éteignez dans vos
larmes, des feux qui dans mon cœur, S'allument
malgré moua tu vouas mes mortelles allarmes,
Dieu puissant j'ai recou... rz à toua, pou
quoua faut il hé lâs ! que je trouve des charmes

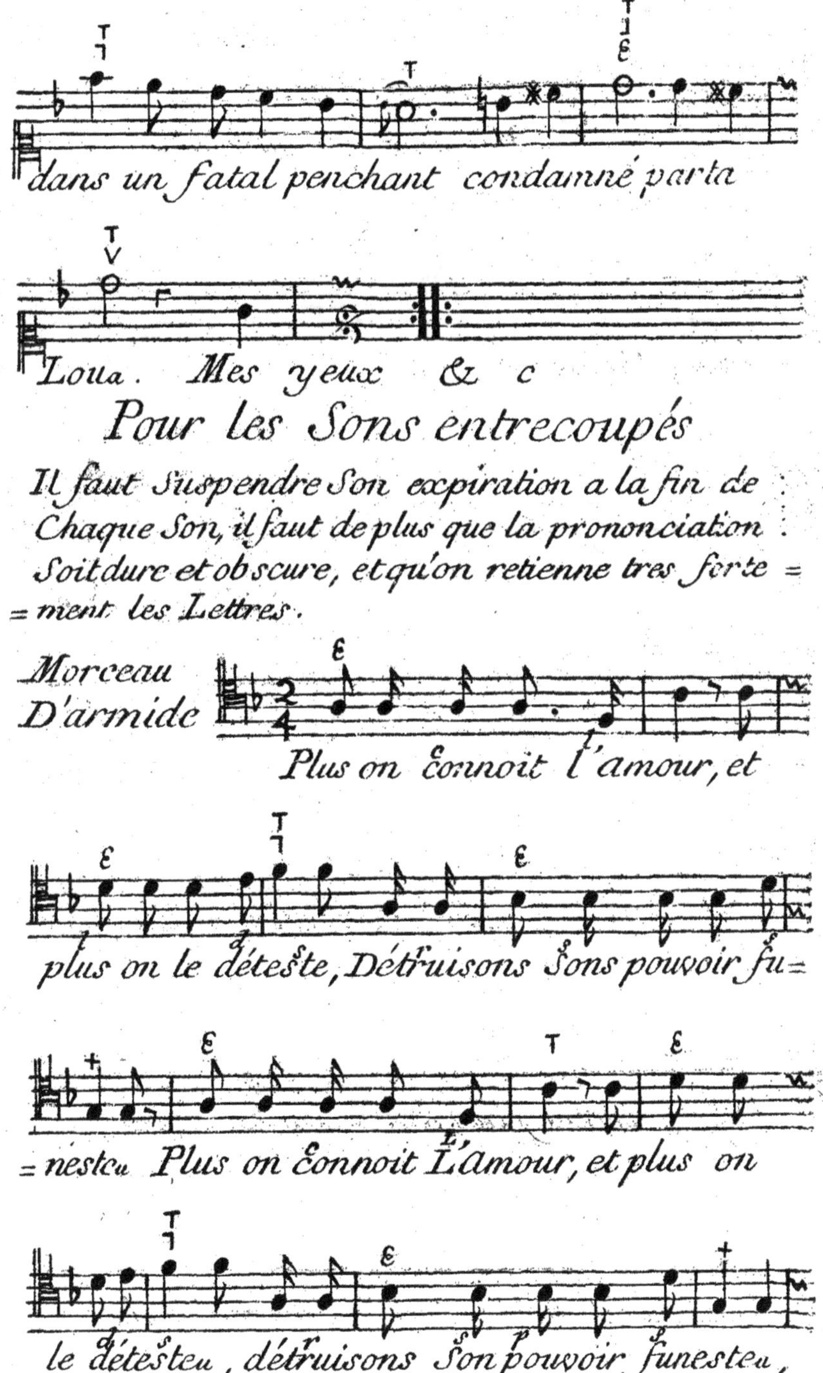

Pour les Sons entrecoupés

Il faut Suspendre Son expiration a la fin de Chaque Son, il faut de plus que la prononciation Soit dure et obscure, et qu'on retienne tres forte=ment les Lettres.

Rompons Ses noeuds, Des chirons son ban=
= deau, Brulons ses traits, Eteignons Son flam=
= beau, Rompons ses noeuds, D'echirons son ban=
= deau, Brulons ses traits Eteignons son flam=
= beau, Brulons brulons Ses traits, Eteignons
Eteignons Son flambeau

Pour les Sons Tendres

Ayez Soin dinsister Sur les Sons, de faire Sortir L'air des poumons en petit volume, de répendre bien de la douceur et de la clarté dans votre prononciation, et de doubler mollement les lettres.

Sous ces arbres témoue ns de mon bonheur ex=
=trême, a chaque instant je puis trouver
Le plai-sir de voir ce que j'aime, Ou du
moüe ns ce lui d'y rêver. Dans ces
Même genre du morceau précédent
Air d'Egle
Paisibles bois vergers délicieux,
j'abandonne pour vous le Séjour du ton=
=nerre, j'ai laissé mon rang dans les Cieux

tous mes plaisirs Sont Sur la terre Æglé me
croit Berger, que mon cœur est flatté, Mon
rang est un Secret qu'il faut que je lui célle
même après ma félici - té; Comme Berger je
gouterai près d'elle les plaisirs de l'Amour et
de l'égali té, Et Si je me Souviens de ma Di vini
té, ce Sera pour bruler d'une ardeur eternelle. Paisibles

Même genre du morceau précédent.

rore. Que ce jour &c.
Air de la Provençale.
Mer paisible où cent fois
j'ay cherché mon Image, offrez moi sur les
flots Celle de mon vainqueur, offrez moi sur
les flots celle de mon vainqueur, Que n'ai je
pour lui seul mille attrais en parta - ge
Ah! Ah! Si j'ose en croire mon

Cœur ; Ce n'est point le hazard C'est un
soin plus flateur qui l'attire Sur ce ri va -
- ge . Ah ! Si j'ose en croire mon cœur ,
Ce n'est point le hazard , C'est un Soin
plus flatteur qui l'attire Sur ce ri -
va - - - - ge . Mer paisible &c.

Pour les Sons Légers

Il faut chasser L'air interieur en petit volume, expirer peu de temps pour les divers Sons, et préparer tres foiblement les lettres.

.... meu
D'uneu Nouvelle ardeur. L'objet qui
ré.............................. gneu dans mon
ameu, Des mortels et des Dieux, Doit
être u leu vainqueur Chaqu instant il m'enfla...
.... meu,
D'uneu nouvelle ardeur, il m'enfla = meu, Il m'en

fla
meu, il m'enfla meu,
Lent
Fin
D'une nouvelle ardeur. Je m'aban =
= donne à mon amour Extrême, Et j'eu fixe déja
mais mes plaisirs en ces lieux.
C'est où l'on aime, que sont les Cieux,
C'est où l'on aime, Que sont les Cieux L'objet

Même genre que le morceau précédent
Air des Amours des Dieux
De deux amans heureux, Célébrés les
transports, Oiseaux à leurs chansons joignés un
doux rama..
.... ge, Joignés un doux ra =
ma.................. ge: Vous Ruis =
= seaux qui baignés les fleurs de ce riva = ge,
Mêlés votre murmu..............................

re à leur tendres accords, Vous Ruisseaux
qui baignes les fleurs de ce riva ge Mêlés.
votre murmu.
...re a leurs tendres accords
Même genre du morceau précédent
Monologue de Polidor
Du plus charmant Espoir je
goute la douceur, Lamour va couronner ma
flame. Aux plus heureux transports j'aban:

= donne mon a... me, Plai = sirs qui m'Enchan
= tez régnez
= régnez Seuls dans mon Cœur Apres u =
= ne cruelle absen ce, Je vais revoir ces
= yeux dont la douce puissance allume les feux
les plus beaux. La mere des amours brilla =
= moins sur les Eaux dans l'heureux jour de
Fin

sa naissance Que l'objet dont Lamour
flate mon espera....ce Du plus &
Chassés L'air interieur en petit volume,
manierés un peu vos sons, et la
Prononciation claire.
Air
de Titon et
Laurore
Du Dieu des Cœurs on a -
dore l'Empire, lui Seul avec des fleurs en
chaine tout ce qui respire enchai..............
..............ne, Enchai..............

ne tout ce qui respi....re, Du Dieu des
cœurs on adore l'empire lui Seul avec des
fleurs enchai........ne, Enchai.....ne
Enchai......ne, enchai..........
............ne tout ce qui respi...re lui
Seul avec des fleurs enchai......ne En
chai................ne tout ce qui respi-re.

Employés les Sons Violens,
La prononçiation dure et obscure.
Quand le maitre des Dieux S'annonce
Sur la terre, Il fait du haut des Cieux Ecla=
=ter .... Son ton=
=nerre, Il fait Ecla-ter .... son ton=
=ner = re Quand le Maitre des Dieux S'an
= nonce Sur la terre, Il fait du haut des Cieux
Eclater .... Son ton-

ner
fermé les premiers martélemens et laissés les mourir par gradation.
Lent.
re, Du Dieu des
Leger
cœurs, on a do-re &c.
Ariette de Ragonde
L'Amour chérit nos paisibles
boccages, ce sont nos cœurs qu'il se plait de cha=
=mer, Je ne songeons qu'a bien aimer, Je rougi=
=rions d'etre vola

ges. Je ne songeons qua bien aimer, Je rougi =
= rions déstre vola
ges, Je rougirions d'etre vola =
= ges Je ne songons qu'a bien aimer, Je rougi =
= rions dètre vola
ges, Je rougirions d'etre vo =
Fin
= la = ges Quand on trahiroit nos Sou =

transports, memes, desirs L'amour &c.

Pour les Sons manierés.

Expirés peu de temps Sur chaque Son, et rendés L'Air enpetit volume. Que votre prononçiation Soit marquée au Coin d'une douceur et d'une clarté extrême, et préparés foiblement les lettres.

t'il sa croitre en core par le charme des plaisirs :
Air Gratieux du Silphe
Sur vos pas par quel charme admi=
= rable, Les plaisirs viennent se rassembler,
Prés de vous tout devient aimable, Tout s'ém =
Fin
= presse à vous ressembler. Régnez au gré de
votre Envie, Voyez triompher vos desirs;
N'ayez d'autre soin dans la vie Que d'ima=

=giner des plaisirs. Sur vos pas &c
Vaudeville
Gratieux
A Colin je Seray cruelle,
vous me verez résister à Ses feux, a vos le-
-çons toujours fidelle, jamais mon cœur ne
comblera Ses veux; oui maman je fuirai tou=
-jours le jo - li petit le pe-tit jo-li le jo=
=li petit Dieu d'Amour.

Books published by Travis & Emery Music Bookshop:

Anon.: Hymnarium Sarisburiense, cum Rubricis et Notis Musicis.
Anon.: Säcularfeier des Geburtstages von Ludwig van Beethoven
Agricola, Johann Friedrich from Tosi: Anleitung zur Singkunst.
Allen, Percy: The Stage Life of Mrs. Stirling: With ... C19th Theatre
Bach, C.P.E.: edited W. Emery: Nekrolog or Obituary Notice of J.S. Bach.
Bateson, Naomi Judith: Alcock of Salisbury
Bathe, William: A Briefe Introduction to the Skill of Song
Berlioz, Hector: Autobiography of Hector Berlioz, (2 vols.)
Buckley, Robert John: Sir Edward Elgar
Burney, Charles: The Present State of Music in France and Italy
Burney, Charles: The Present State of Music in Germany, The Netherlands …
Burney, Charles: Account of an Infant Musician
Burney, Charles: An Account of the Musical Performances ... Handel
Burney, Karl: Nachricht von Georg Friedrich Handel's Lebensumstanden.
Burns, Robert: The Caledonian Musical Museum .. Best Scotch Songs. (1810)
Cobbett, W.W.: Cobbett's Cyclopedic Survey of Chamber Music. (2 vols.)
Corrette, Michel: Le Maitre de Clavecin
Cox, John Edmund: Musical Recollections of the Last Half Century. (2 vols.)
Crimp, Bryan: Dear Mr. Rosenthal … Dear Mr. Gaisberg …
Crimp, Bryan: Solo: The Biography of Solomon
Crotch, William: Substance of Several Courses of Lectures on Music
d'Indy, Vincent: Beethoven: Biographie Critique
d'Indy, Vincent: Beethoven: A Critical Biography
d'Indy, Vincent: Cesar Franck (in English)
d'Indy, Vincent: César Franck (in French)
Dianna, B.A.: Benjamin Britten's Holy Theatre
Dolge, Alfred: Pianos and Their Makers. A Comprehensive History
Fischhof, Joseph: Versuch einer Geschichte des Clavierbaues. (Faksimile 1853).
Fuller-Maitland, J.A.: The Music of Parry and Stanford
Geminiani, Francesco: The Art of Playing the Violin.
Häuser: Musikalisches Lexikon. 2 vols in one.
Hawkins, John: A General History of the Science & Practice of Music (5 vols.)
Herbert-Caesari, Edgar: The Science and Sensations of Vocal Tone
Herbert-Caesari, Edgar: Vocal Truth
Holmes, Edward: A Ramble among the Musicians of Germany
Hopkins, Antony: The Concertgoer's Companion - Bach to Haydn.
Hopkins, Antony: The Concertgoer's Companion – Holst to Webern.
Hopkins, Antony: Music All Around Me
Hopkins, Antony: Sounds of Music / Sounds of the Orchestra
Hopkins, Antony: The Nine Symphonies of Beethoven
Hopkins, Antony: Understanding Music

Books published by Travis & Emery Music Bookshop:

Hopkins, Edward & Rimboult, Edward: The Organ. Its History & Construction.
Hunt, John: - see separate list of discographies at the end of these titles
Iliffe, Frederick: The Forty-Eight Preludes and Fugues of John Sebastian Bach
Isaacs, Lewis: Hänsel and Gretel. A Guide to Humperdinck's Opera.
Isaacs, Lewis: Königskinder (Royal Children). Guide to Humperdinck's Opera.
Kastner: Manuel Général de Musique Militaire
Kenney, Charles Lamb: A Memoir of Michael William Balfe
Klein, Hermann: Thirty years of musical Life in London, 1870-1900
Lacassagne, M. l'Abbé Joseph : Traité Général des élémens du Chant
Lascelles (née Catley), Anne: The Life of Miss Anne Catley.
McCormack, John: John McCormack: His Own Life Story.
Mainwaring, John: Memoirs of the Life of the Late George Frederic Handel
Malcolm, Alexander: A Treaty of Music: Speculative, Practical and Historical
Manshardt, Thomas: Aspects of Cortot
Marx, Adolph Bernhard: Die Kunst des Gesanges, Theoretisch-Practisch
May, Florence: The Life of Brahms
May, Florence: The Girlhood Of Clara Schumann: Clara Wieck And Her Time.
Mellers, Wilfrid: Angels of the Night: Popular Female Singers of Our Time
Mellers, Wilfrid: Bach and the Dance of God
Mellers, Wilfrid: Beethoven and the Voice of God
Mellers, Wilfrid: Caliban Reborn - Renewal in Twentieth Century Music
Mellers, Wilfrid: Darker Shade of Pale, A Backdrop to Bob Dylan
Mellers, Wilfrid: François Couperin and the French Classical Tradition
Mellers, Wilfrid: Harmonious Meeting
Mellers, Wilfrid: Le Jardin Retrouvé, The Music of Frederic Mompou
Mellers, Wilfrid: Music and Society, England and the European Tradition
Mellers, Wilfrid: Music in a New Found Land: ... ... American Music
Mellers, Wilfrid: Romanticism and the Twentieth Century (from 1800)
Mellers, Wilfrid: The Masks of Orpheus: ...... the Story of European Music.
Mellers, Wilfrid: The Sonata Principle (from c. 1750)
Mellers, Wilfrid: Vaughan Williams and the Vision of Albion
Newmarch, Rosa: Henry J. Wood
Newmarch, Rosa: Jean Sibelius
Newmarch, Rosa: Mary Wakefield, a Memoir
Newmarch, Rosa: The Concert-Goer's Library
Newmarch, Rosa: The Music of Czechoslovakia.
Newmarch, Rosa: The Russian Opera.
Nicholas, Jeremy: Godowsky, the Pianists' PianistNiecks, Frederick: The Life oc Chopin. (2 vols.)
Panchianio, Cattuffio: Rutzvanscad Il Giovine

Books published by Travis & Emery Music Bookshop:

Pearce, Charles: Sims Reeves, Fifty Years of Music in England.
Pepusch, John Christopher: A Treatise on Harmony ...
Pettitt, Stephen: Philharmonia Orchestra: A Record of Achievement, 1948-1985
Pettitt, Stephen (ed. Hunt): Philharmonia Orchestra: Discography 1945-1987
Playford, John: An Introduction to the Skill of Musick.
Porte, John: Sir Charles Villiers Stanford.
Quantz, Johann: Versuch einer Anweisung die Flöte traversiere zu spielen.
Rameau, Jean-Philippe: Code de Musique Pratique, ou Methodes.
Rameau, Jean-Philippe: Erreurs sur La Musique dans l'Encyclopédie
Rastall, Richard: The Notation of Western Music.
Rimbault, Edward: The Pianoforte, Its Origins, Progress, and Construction.
Rousseau, Jean Jacques: Dictionnaire de Musique
Rubinstein, Anton : Guide to the proper use of the Pianoforte Pedals.
Sainsbury, John S.: Dictionary of Musicians. (1825). (2 vols.)
Schumann, Clara & Brahms, Johannes: Letters 1853-1896. (2 vols.)
Scott-Sutherland: Arnold Bax
Serré de Rieux, Jean de : Les dons des Enfans de Latone
Simpson, Christopher: A Compendium of Practical Musick in Five Parts
Smyth, Ethel: Impressions That Remained. (2 vols.)
Spohr, Louis: Autobiography
Spohr, Louis: Grand Violin School
Tans'ur, William: A New Musical Grammar; or The Harmonical Spectator
Terry, Charles Sanford: Bach's Chorals – Parts 1, 2 and 3.
Terry, Charles Sanford: John Christian Bach
Terry, Charles Sanford: J.S. Bach's Original Hymn-Tunes - Congregational Use.
Terry, Charles Sanford: Four-Part Chorals of J.S. Bach. (German & English)
Terry, Charles Sanford: Joh. Seb. Bach, Cantata Texts, Sacred and Secular.
Terry, Charles Sanford: The Origins of the Family of Bach Musicians.
Tosi, Pierfrancesco: Opinioni de' Cantori Antichi, e Moderni
Tosi, Pierfrancesco: Observations on the Florid Song.
Tovey, Donald Francis: A Musician Talks, The Integrity of Music
Tovey, Donald Francis: A Musician Talks, Musical Textures
Tovey, Donald Francis: A Companion to "The Art of the Fugue" J.S. Bach
Tovey, Donald Francis: A Companion to Beethoven's Pianoforte Sonatas
Tovey, Donald Francis: Beethoven
Tovey, Donald Francis: Essays in Musical Analysis. (6 vols.).
Tovey, Donald Francis: The integrity of music
Tovey, Donald Francis: Musical Textures

Books published by Travis & Emery Music Bookshop:

Tovey, Donald Francis: Some English Symphonists
Tovey, Donald Francis: The Main Stream of Music.
Van der Straeten, Edmund: History of the Violoncello, The Viol da Gamba …
Van der Straeten, Edmund: History of the Violin, Its Ancestors… (2 vols.)
Walther, J. G. [Waltern]: Musicalisches Lexikon [Musikalisches Lexicon]
Wagner, Richard: Beethoven (Leipzig 1870)
Wagner, Richard: Lebens-Bericht (Leipzig 1884)
Wagner, Richard: The Musaic of the Future (Translated by E. Dannreuther).
Wyndham, Henry Saxe: The Annals of Covent Garden Theatre. (2 vols.)
Zwirn, Gerald: Stranded Stories From The Operas

Books Distributed by Travis & Emery Music Bookshop:

Herbert-Caesari, Edgar: The Alchemy of Voice

Music published by Travis & Emery Music Bookshop:

Bach, Johann Sebastian: Sacred Songs for SCTB, arranged by Franz Wullner.
Bax, Arnold: Symphony #5, Arranged for Piano Four Hands by Walter Emery
Beranger, Pierre Jean de: Musique Des Chansons de Beranger: Airs Notes ...
Bizet, Georges: Djamileh. Vocal Score.
Donizetti, Gaetano: Betly. Dramma Giocoso in Due Atti. Vocal Score.
Frescobaldi, Girolamo: D'Arie Musicali per Cantarsi. Primo & Secondo Libro.
Handel, Purcell, Boyce, Greene ... Calliope or English Harmony: Volume First.
Hopkins, Antony: Sonatine
Purcell, Henry et al: Harmonia Sacra … The First Book, (1726)
Purcell, Henry et al: Harmonia Sacra … Book II (1726)
Sullivan, Arthur Seymour: Ivanhoe. Vocal score.
Sullivan, Arthur Seymour: The Rose of Persia. Vocal Score.
Weckerlin, Jean-Baptiste: Chansons Populaires du Pays de France

Other Books, not on Music:

Anon: A Collection of Testimonies Concerning Several Ministers of the Gospel Amongst People called Quakers, Deceased. [Facsimile of 1760 edn.].
Sandeman-Allen, Arthur: Bee-keeping with Twenty hives.

Available from: Travis & Emery at 17 Cecil Court, London, UK.
(+44) (0) 20 7 240 2129. email on sales@travis-and-emery.com .

Discographies by John Hunt.

3 Italian Conductors and 7 Viennese Sopranos: 10 Discographies: Arturo Toscanini, Guido Cantelli, Carlo Maria Giulini, Elisabeth Schwarzkopf, Irmgard Seefried, Elisabeth Gruemmer, Sena Jurinac, Hilde Gueden, Lisa Della Casa, Rita Streich.

A Gallic Trio: 3 Discographies: Charles Muench, Paul Paray, Pierre Monteux.

A Notable Quartet: 4 Discographies: Gundula Janowitz, Christa Ludwig, Nicolai Gedda, Dietrich Fischer-Dieskau.

American Classics: The Discographies of Leonard Bernstein & Eugene Ormand

Antal Dorati 1906-1988: Discography and Concert Register.

Back From The Shadows: 4 Discographies: Willem Mengelberg, Dimitri Mitropoulos, Hermann Abendroth, Eduard Van Beinum.

Carlo Maria Giulini: Discography and Concert Register.

Columbia 33CX Label Discography.

Concert Hall Discography: Concert Hall Society and Concert Hall Record Club

Conductors On The Yellow Label: 8 Discographies: Fritz Lehmann, Ferdinand Leitner, Ferenc Fricsay, Eugen Jochum, Leopold Ludwig, Artur Rother, Franz Konwitschny, Igor Markevitch.

Dirigenten der DDR: Conductors of the German Democratic Republic

From Adam to Webern: the Recordings of von Karajan.

Frosh: Discography of the Richard Strauss Opera Die Frau ohne Schatten

Giants of the Keyboard: 6 Discographies: Wilhelm Kempff, Walter Gieseking, Edwin Fischer, Clara Haskil, Wilhelm Backhaus, Artur Schnabel.

Gramophone Stalwarts: 3 Separate Discographies: Bruno Walter, Erich Leinsdorf, Georg Solti.

Great Violinists: 3 Discographies: David Oistrakh, Wolfgang Schneiderhan, Arthur Grumiaux.

Hans Knappertsbusch: Kna: Concert Register and Discography of Hans Knappertsbusch, 1888-1965. Second Edition.

Her Master's Voice: Concert Register and Discography of Dame Elisabeth Schwarzkopf [Third Edition].

Hungarians in Exile: 3 Discographies: Fritz Reiner, Antal Dorati, George Szell.

Leopold Stokowski (1882-1977): Discography and Concert Register

Leopold Stokowski: Discography and Concert Listing.

Leopold Stokowski: Second Edition of the Discography.

Makers of the Philharmonia: 11 Discographies Alceo Galliera, Walter Susskind, Paul Kletzki, Nicolai Malko, Issay Dobrowen, Lovro Von Matacic, Efrem Kurtz, Otto Ackermann, Anatole Fistoulari, George Weldon, Robert Irving.

Metropolitan Sopranos: 4 Discographies: Rosa Ponselle, Eleanor Steber, Zinka Milanov, Leontyne Price.

Mezzo and Contraltos: 5 Discographies: Janet Baker, Margarete Klose, Kathleen Ferrier, Giulietta Simionato, Elisabeth Hoengen.

Mid-Century Conductors and More Viennese Singers: 10 Discographies: Karl Boehm, Victor De Sabata, Hans Knappertsbusch, Tullio Serafin, Clemens Krauss, Anton Dermota, Leonie Rysanek, Eberhard Waechter, Maria Reining, Erich Kunz.

More 20th Century Conductors: 7 Discographies: Eugen Jochum, Ferenc Fricsay, Carl Schuricht, Felix Weingartner, Josef Krips, Otto Klemperer, Erich Kleiber.

More Giants of the Keyboard: 5 Discographies: Claudio Arrau, Gyorgy Cziffra, Vladimir Horowitz, Dinu Lipatti, Artur Rubinstein.

More Musical Knights: 4 Discographies: Hamilton Harty, Charles Mackerras, Simon Rattle, John Pritchard.

Musical Knights: 6 Discographies: Henry Wood, Thomas Beecham, Adrian Boult, John Barbirolli, Reginald Goodall, Malcolm Sargent.

Philharmonic Autocrat 1: Discography of: Herbert Von Karajan [Third Edition]

Philharmonic Autocrat 2: Concert Register of Herbert Von Karajan Second Ed.

Philips Minigroove: Second Extended Version of the European Discography.

Pianists For The Connoisseur: 6 Discographies: Arturo Benedetti Michelangeli, Alfred Cortot, Alexis Weissenberg, Clifford Curzon, Solomon, Elly Ney.

Sächsische Staatskapelle Dresden: Complete Discography.

Singers of the Third Reich: 5 Discographies: Helge Roswaenge, Tiana Lemnitz, Franz Voelker, Maria Mueller, Max Lorenz.

Singers on the Yellow Label: 7 Discographies: Maria Stader, Elfriede Troetschel, Annelies Kupper, Wolfgang Windgassen, Ernst Haefliger, Josef Greindl, Kim Borg

Six Wagnerian Sopranos: 6 Discographies: Frieda Leider, Kirsten Flagstad, Astrid Varnay, Martha Moedl, Birgit Nilsson, Gwyneth Jones.

Staatskapelle Berlin. The shellac era 1916-1962.

Sviatoslav Richter: Pianist of the Century: Discography.

Teachers and Pupils: 7 Discographies: Elisabeth Schwarzkopf, Maria Ivoguen, Maria Cebotari, Meta Seinemeyer, Ljuba Welitsch, Rita Streich, Erna Berger

Tenors in a Lyric Tradition: 3 Discographies: Peter Anders, Walther Ludwig, Fritz Wunderlich.

The Art of the Diva: 3 Discographies: Claudia Muzio, Maria Callas, Magda Olivero.

The Furtwaengler Sound Sixth Edition: Discography and Concert Listing.

The Great Dictators: 3 Discographies: Evgeny Mravinsky, Artur Rodzinski, Sergiu Celibidache.

The Lyric Baritone: 5 Discographies: Hans Reinmar, Gerhard Huesch, Josef Metternich, Hermann Uhde, Eberhard Waechter.

The Post-War German Tradition: 5 Discographies: Rudolf Kempe, Joseph Keilberth, Wolfgang Sawallisch, Rafael Kubelik, Andre Cluytens.

Wagner Im Festspielhaus: Discography of the Bayreuth Festival.

Wiener Philharmoniker 1 - Vienna Philharmonic and Vienna State Opera Orchestras: Discography Part 1 1905-1954.

Wiener Philharmoniker 2 - Vienna Philharmonic and Vienna State Opera Orchestras: Discography Part 2 1954-1989.

Available from: Travis & Emery at 17 Cecil Court, London, UK.
(+44) (0) 20 7 240 2129. email on sales@travis-and-emery.com .

www.ingramcontent.com/pod-product-compliance
Lightning Source LLC
LaVergne TN
LVHW010939100826
845153LV00001B/96

9781849550567